UN CITOYEN, UN REVENU
ou la révolution de la redistribution

DR ABDOULAYE TAYE

UN CITOYEN, UN REVENU

ou la révolution de la redistribution

Sénégal
L'Harmattan

10 VDN, Sicap Amitié 3, Lotissement Cité Police, DAKAR

direction@senharmattan.com
librairie@senharmattan.com

ISBN : 978-2-14-033741-3
EAN : 9782140337413

L'État est une entreprise dont les actionnaires sont les citoyens.

Sommaire

AVANT-PROPOS

Le projet ***« un citoyen, un revenu »*** se présente comme un modèle alternatif qui assouplit les rigueurs du modèle libéral inégalitaire en vigueur en faisant face à la mondialisation de l'économie et au libéralisme débridé. **Le projet est un modèle social, économique et démocratique innovant basé sur une approche de l'émergence par les ménages et l'entreprise nationale. Il se présente comme un investissement social à effet économique ou vice versa, mais aussi comme un concept social et politique de transfert financier.** Il est composé d'un système de cinq operateurs démocratiques structurants qui constituent ses fondamentaux :

- **Le revenu de base généralisé (RBG)** ou la démocratisation de l'accès au pouvoir d'achat.

- **L'assurance maladie obligatoire (AMO)** ou la démocratisation de l'accès aux soins de santé et aux médicaments.

- **La bourse universelle pour les bacheliers (BUB)** ou la démocratisation de l'accès à l'enseignement supérieur.

- **L'éclairage par le solaire photovoltaïque (ESP)** ou la démocratisation de l'accès à l'électricité.

- **Le fonds d'investissement et de garantie associé à un actionnariat populaire (FIGAP)** ou la démocratisation de l'accès au capital.

Ce système de cinq opérateurs est piloté par des logicicls et s'appuie sur l'économie numérique et l'économie rurale qui en dessineront l'environnement économique. En outre, nous envisageons pour le financement du projet plusieurs stratégies optionnelles. Le projet devrait être financé sans recours au budget, sauf en ce qui concerne le budget de fonctionnement, les dépenses et les allocations sociales traditionnelles de l'État.

Notons en passant que la bourse de sécurité familiale et la couverture maladie universelle (CMU) constituent respectivement la version gouvernementale du revenu de base généralisé (RBG) et de l'assurance maladie obligatoire (AMO).

Le projet ***« un citoyen, un revenu »*** se présente comme une approche dynamique de la demande sociale basée sur une analyse des besoins fondamentaux du ménage. La pertinence et le réalisme de ses opérateurs se trouvent dans leur enracinement dans les besoins sociaux et économiques des populations. Le modèle, contrairement aux autres en vigueur, cible le citoyen sénégalais, le ménage et l'entreprise nationale. Il s'appuie sur deux concepts : **le concept d'irradiation et le concept de système dynamique autonome.**

Le concept d'irradiation, qui se manifeste à travers le système d'opérateurs, est fondé sur l'analyse des besoins du ménage en corrélation avec la promotion sociale et économique des populations, mais aussi et surtout avec la promotion de l'État de droit. L'irradiation, par ses impacts sur la demande sociale et économique, crée un environnement d'émergence pour chaque citoyen en répondant à ses besoins fondamentaux. En irradiant par ses effets induits tous les secteurs, le système d'opérateurs exprime un fort potentiel de transformation sociale, économique et démocratique.

Le concept de système dynamique autonome vise à affranchir l'État et les populations des contraintes de financement par une dynamique d'autonomisation financière à court et/ou long terme. Tous les opérateurs sont conçus pour atteindre, dans une durée plus ou moins longue, leur autonomisation financière, garantie de leur pérennité.

L'approche classique et actuelle de l'émergence basée sur les infrastructures (le PSE par exemple) résonne en Afrique plus comme un concept gadget de communication et de marketing politique. Elle est fondée sur une logique des grands cabinets internationaux (McKinsey par exemple) de servir les intérêts de la haute finance et des multinationales. C'est la haute finance qui investit dans les grands projets et ce sont les multinationales qui les exécutent. Tout le produit de la croissance traverse les océans. Cette approche se traduit par un endettement excessif, un service de la dette explosif et un taux de pression fiscale très élevé qui grignote le pouvoir d'achat des ménages sans tenir compte de l'effet d'éviction induit par les intérêts qui frappent la dette. Plus de la moitié des ménages sénégalais sont devenus pauvres !

Par contre, notre nouvelle approche de l'émergence par les ménages et par l'entreprise nationale qui privilégie le « primat de l'humain sur le profit, la coopération sur la concurrence » place **la promotion sociale et économique des populations au centre de sa stratégie et de ses préoccupations**. Elle repose sur les cinq operateurs démocratiques fondamentaux ci-dessus qui constituent les cinq piliers du modèle dont le RBG représente le pilier central.

Le revenu de base généralisé (RBG) remplit plusieurs fonctions. Il se présente comme un instrument de redistribution de la richesse, comme un outil de transfert financier pour le financement de programmes sociaux (la santé, l'éducation, la redevance télé, ...), comme un outil de réduction de la pauvreté et des inégalités, comme un outil de résilience sociale, comme un coussin social contre les accidents sociaux, comme une subvention des biens et des services, comme un lien matériel entre l'État et le citoyen, comme un système d'information, mais aussi et surtout comme une technique d'injection de l'argent dans le circuit économique à l'instar de la dette. Le revenu de base généralisé s'inscrit dans un cercle vertueux où l'argent quitte la production par les impôts et les taxes, se transforme en RBG et revient à la production par la consommation. C'est le rôle joué par notre vieille technique de la dette pour injecter de l'argent dans la production à travers l'investissement. Mais à la différence que dans le cas du RBG, rien ne se perd (pas de déperdition financière liée à la mortalité des entreprises nouvellement créées) rien ne se crée (pas d'intérêt), tout se transforme ! Le RBG augmente le pouvoir d'achat national du pays, booste la consommation et tire la production, donc crée de la croissance et des emplois en contribuant à la réduction de la pauvreté. Il permet la distribution du pouvoir d'achat sur tout le territoire national, la réduction des prix à l'intérieur et à l'extérieur du pays et la diminution de la dette publique intérieure. Il permet de financer l'assurance maladie obligatoire. Les impacts de cet outil sur l'économie, la société, la démocratie et la culture sont insondables.

L'assurance maladie obligatoire (AMO) dont le caractère obligatoire assure la pénétration à 100% dans les populations est un concept très adapté aux pays sous-développés et pauvres. Elle favorise un redéploiement des cliniques privées et des plateaux techniques médicaux sur tout le territoire national en créant une véritable économie décentralisée de la santé puisque l'assurance paie désormais les factures. Le paysan, l'éleveur, le pécheur, l'ouvrier, le chauffeur, … deviennent plus productifs grâce à un accès aux soins et aux médicaments plus facile et moins couteux voire gratuit. L'insécurité sanitaire liée à la vente illicite des médicaments dans la rue disparait. Elle est en outre un modèle de financement du système de la santé et sert de système d'information relatif aux patients, aux médicaments et aux maladies.

La bourse universelle pour les bacheliers (BUB) permet à tous les bacheliers d'accéder à l'enseignement supérieur. Elle rétablit l'équité entre tous les étudiants relativement à l'inégal accès aux œuvres sociales universitaires. Les risques d'abandons et d'échecs scolaires liés aux obstacles sociaux, financiers et économiques auxquels les étudiants issus des couches pauvres sont exposés ou confrontés sont minimisés. Elle favorise en outre des prestations de services de logement et de nourriture très attractives pour les entreprises privées nationales. Elle sert en outre de système d'informations par rapport aux étudiants et aux alumnis. La bourse universelle présente également un modèle de financement de l'enseignement supérieur.

L'éclairage par le solaire photovoltaïque (ESP) permet de diminuer les factures électriques des ménages et celles en combustible de l'État de moitié en plus de sa contribution à la réduction de l'émission des gaz à effet de serre et des délestages. Il améliore l'accès et la qualité des services de l'électricité et favorise la disponibilité du réseau désormais allégé. Il augmente le pouvoir d'achat des ménages et procure des économies à l'État. Sa mise en œuvre qui repose sur des systèmes domestiques isolés d'éclairage est complètement financée par la contribution des clients de Senelec.

Le fonds d'investissement et de garantie associé à un actionnariat populaire (FIGAP) permet de financer l'économie nationale par les Sénégalais eux-mêmes. Les ressources nationales intérieures sont mobilisées à travers l'actionnariat populaire. Il est à la fois un instrument d'investissement et un outil de (re) distribution des revenus du capital, c.a.d. de l'industrie et de l'entreprise. Il est accompagné par de nouveaux concepts financiers, commerciaux et économiques innovants qui facilitent la création d'entreprise dans tous les secteurs de l'économie nationale : du sport à la culture en passant par l'agriculture, l'industrie alimentaire, le transport, etc. Il favorise l'émergence de l'Entreprise Nationale. On ne peut pas faire de tous les citoyens des salariés, mais on peut faire de tous les citoyens des actionnaires.

L'implémentation du projet ***« un citoyen, un revenu »*** par l'État apporte à la société un nouvel être social, un nouvel être économique, un nouvel être démocratique voire un nouvel être culturel. L'unité administrative, l'efficacité administrative, l'optimisation et la rationalisation des dépenses publiques qui caractérisent le projet préservent les deniers publics et garantissent à l'État des économies certaines. Le projet ***« un citoyen, un revenu »*** s'inspire du modèle chinois où l'État est au centre de l'économie et du modèle scandinave où la (re) distribution est au cœur de l'économie. Le projet ***« un citoyen, un revenu »*** est le meilleur investissement qu'un État peut offrir à son peuple. Il nous permet de s'adapter au contexte de la mondialisation, d'atténuer les effets néfastes engendrés par ses dérives tout en développant une résilience qui favorise une maitrise et un contrôle de la dynamique des processus en jeu.

Mais comme la valeur des idées ne dépend que de leur pénétration dans l'opinion et de leur appropriation par les populations, il faut convaincre les Sénégalais de la justesse et du réalisme du concept ***« un citoyen, un revenu »***. Cependant, il est nécessaire au préalable de briser les barrières idéologiques et psychologiques des technocrates, des politiciens et des économistes érigées par les murs de leur dépendance intellectuelle à l'esprit du système pour que le projet ait la chance de se mesurer à la réalité. Il s'agit donc de déclencher une dynamique populaire pour créer un rapport d'influence qui puisse orienter la volonté des autorités gouvernementales et des leaders politiques à prendre en charge la mise en œuvre de ce projet innovant.

Enfin, certains esprits sceptiques diront, sans nul doute, que ce projet est cher. Je suis tenté de leur répondre, savez-vous :

Combien coûtent la malnutrition et la sous-alimentation des enfants à la société ?

Combien coûtent l'abandon et la déperdition scolaires des enfants à la société ?

Combien coûtent des mères et des pères de famille malades à la société ?

Combien coûtent les accidents de la route (l'invalidité) à la société ?

Combien coûtent les prisonniers (à l'État et) à la société ?

Combien coûte la criminalité de survie à la société ?

Combien coûtent la prostitution et la délinquance à la société ?

Combien coûtent l'insécurité et le terrorisme à la société?

Combien coûtent la dégradation de l'environnement à la société ?

Combien coûtent l'effondrement moral et la perte des valeurs à la société ?

Combien coûtent, Combien coûtent, Combien coûtent,

Tous ces phénomènes induits par la pauvreté et la misère.

Combien coûte donc la pauvreté à la société !!! ?

Si le RBG est cher, restons dans la pauvreté qui coûte mille fois plus !

INTRODUCTION

POUR UNE TECHNIQUE DE DISTRIBUTION CAPITALISTE PLUS JUSTE ET PLUS EFFICACE

Un monde inégalitaire

L'ordre technologique, commercial, économique et financier international inégal jette des millions d'Africains sur les chemins de l'exode rural et de l'émigration clandestine suicidaire. Il exclut des millions de chômeurs de la production et de la consommation, appauvrit 3/5 de la population mondiale en enrichissant une minorité de milliardaires. Les dérives de la mondialisation et de la financiarisation de l'économie ont fini par exposer le monde à un ordre de plus en plus inégalitaire, source d'instabilités sociales, politiques et économiques. Les populations sont plongées dans le gouffre des inégalités et piégées dans les mailles des inutilités telles que le chômage, le désœuvrement, la mendicité, l'assistance, la misère et la vulnérabilité. Pour survivre, il nous faut se réadapter en se réorientant vers de nouveaux sens et enjeux plus justes et plus équitables. Le nouvel ordre international se fera en renouvelant les enjeux du bonheur humain fondés sur la paix, la liberté, l'égalité, la solidarité, le progrès économique, social et démocratique et last but not least le bien-être écologique.

Chômage ou loisirs

La longue marche de l'espèce humaine est ponctuée par des conquêtes couronnées de succès. De la religion au transhumanisme ou l'augmentation des capacités physiques et intellectuelles de l'être humain, en passant par l'organisation du savoir par l'école et l'université, les différentes révolutions industrielles, la démocratie, l'Internet des objets et l'intelligence artificielle, le phénomène humain n'a cessé de se valoriser, de nous émerveiller par son potentiel inépuisable. Malheureusement, l'homme a échoué dans sa tentative d'inventer un modèle économique, social, démocratique et culturel qui lui permet de s'épanouir, de vivre heureux dans l'amour, la paix, la sécurité et le bien-être écologique.

Notre civilisation a commencé par l'utilisation rudimentaire des énergies renouvelables : le vent, le soleil, l'eau, la force animale et humaine, etc. La transition des énergies renouvelables aux énergies fossiles (le charbon, le pétrole, le gaz) et fissiles (le nucléaire) a été marquée par l'invention du moteur et de l'électricité qui ont impulsé nos deux premières révolutions industrielles. Le risque écologique de plus en plus imminent va accélérer la prise de conscience de la deuxième transition énergétique, cette fois-ci des énergies fossiles vers les énergies renouvelables. Toutefois, il ne s'agit pas d'un retour à l'usage élémentaire des énergies renouvelables, mais d'un retour caractérisé par une maitrise et un contrôle des énergies renouvelables dans un contexte de progrès technique et scientifique jamais égalé dans notre histoire. Ceci n'est pas une répétition circulaire, mais une répétition spirale qui se réalise à un plan supérieur. L'évolution de l'histoire et de la civilisation humaine n'est ni circulaire ni linéaire, elle épouse les formes d'une spirale. Elle ne passe jamais par le même point. Notre présente époque historique est le lieu de manifestation de la troisième révolution industrielle marquée par l'internet et de la quatrième révolution liée à l'intelligence artificielle qui ont favorisé une transition industrielle spécifiée par un coefficient d'automatisation de toutes les formes de nos activités qui tend de plus en plus vers un.

Il me semble qu'il existe un parallélisme entre l'évolution de l'économie et de l'énergie. L'économie primitive communautaire sans chômage ni salaire ni monnaie correspondrait à un usage rudimentaire des énergies renouvelables sanctionné par un retard de la production sur la consommation. Il était nécessaire d'engager toute la société, mais également d'investir tout son temps dans la production pour se nourrir. La transition des énergies renouvelables aux énergies fossiles et fissiles a favorisé deux révolutions industrielles, accompagnées d'un modèle économique caractérisé par une forte production à la place des pénuries récurrentes du modèle communautaire. Ce développement des forces productives a conduit au changement des rapports de production et des rapports sociaux s'appuyant sur une certaine idéologie qui le justifie et le légitime. L'utilisation des énergies fossiles correspondrait au puissant modèle actuel de production et de distribution capitaliste. Ce nouveau modèle de production et de distribution s'accompagne de l'apparition de la monnaie, du salaire, du chômage et du désarmement de la main-d'œuvre agricole. La présente transition des énergies fossiles aux énergies renouvelables coïncide avec une transition industrielle caractérisée par une baisse tendancielle de la valeur d'échange de l'énergie devenue renouvelable, mais également par un fort taux d'automatisation, qui résulterait à un chômage massif. L'homme se libère de plus en plus du travail manuel et du travail intellectuel par le biais de l'automatisation et de l'intelligence artificielle.

Faut-il payer cette libération de l'homme du travail par un chômage ou par un temps de loisirs ? Cette libération est le fruit du progrès technique et scientifique acquis par toute l'humanité dans sa longue aventure. Personne n'a le droit d'escroquer ou de confisquer le produit de cette conquête en le travestissant en chômage en lieu et place d'un temps de loisirs bien mérité. L'humanité a rompu toutes les contraintes de la production. Elle peut produire pour satisfaire tous ses besoins utiles voire inutiles. Il n'est plus nécessaire qu'elle engage tout son temps dans la production pour satisfaire ses besoins. L'enjeu de notre actuel progrès technique et scientifique est désormais chômage ou temps de loisirs ? Faut-il transformer ce progrès en temps de loisirs accompagné d'une baisse du temps de travail ou bien faut-il le transformer en chômage, en pauvreté, en une perte de pouvoir d'achat ? C'est une question légitime, humaniste et philosophique. La journée de travail peut être réduite de 8 à 4h de temps ou moins sans que la production et le pouvoir d'achat se réduisent de moitié. Il s'agit seulement de revaloriser le salaire horaire. Le plein emploi peut advenir et être garanti dans ces conditions sans conséquences désastreuses sur l'économie. Le progrès technique et scientifique est un héritage que l'humanité à chaque étape de l'histoire transmet aux générations futures. Ce legs fait partie du capital social que nous devons tous partager. Le capital social n'entre dans la comptabilité d'aucune entreprise ou industrie. Mais tous les investissements en profitent grâce à l'environnement favorable qu'il crée. Cette économie non rémunérée est autant nécessaire que l'économie rémunérée. Sans elle, point de production. Les enseignants, les médecins, les ménages, pour ne citer que ceux-là, apportent une contribution inégalable à la valeur ajoutée. La culture, la science, la technologie, l'éducation, la médecine, le ménage, les sols, les végétations, l'organisation politique, économique et sociale, etc. représentent des facteurs essentiels du capital social qui ont contribué à notre progrès social. Nous sommes tous les actionnaires et les propriétaires de ce capital. Ce progrès doit se payer non seulement sous forme de salaire, mais aussi et surtout sous forme de temps libre. Le chômeur n'est pas celui qui ne travaille pas. Le chômeur est celui qui cherche du travail pour se donner les moyens de vivre et qui n'en trouve pas.

Le temps libre du riche est un temps de loisir, le temps libre du pauvre (qui cherche du travail) est du chômage. Nous réclamons le plein emploi et le temps libre par la réduction du temps de travail. Cela détruit le chômage, nous protège contre la pauvreté et crée des loisirs! Le plein emploi correspondrait à une économie sans chômage dans un contexte de progrès technologique irréversible. Il s'agit d'engager toute la société dans la production par la baisse du temps d'emploi. N'est-il pas techniquement plus efficace et financièrement moins coûteux de donner du travail à tous les consommateurs au lieu d'entretenir la moitié par la protection sociale financée par les impôts, les taxes, la dette et par conséquent une perte de pouvoir d'achat? Notre ordre économique et social inégalitaire d'aujourd'hui n'est pas nécessaire ! Il n'est maintenu et conservé que par la légalité et l'idéologie justificatrices d'une technique économique qui ne repose que sur une inversion de sens : défendre des intérêts privés minoritaires au détriment des pauvres populations majoritaires.

Liberté de s'enrichir ou liberté d'appauvrir

L'accumulation scandaleuse et ruineuse de la richesse n'est pas possible dans un système économique où on échange du travail contre du travail. Dans une telle société, un homme qui ne travaille pas ne mange pas. Accumuler un milliard de dollars par son propre travail personnel est une gageure, un pari impossible. La richesse appauvrissante n'est possible et n'est apparue que dans un système où l'échange se fait à travers la monnaie. L'argent a cette propriété spécifique de réserver de la valeur. Mais on n'échange pas de l'argent contre de l'argent pour vivre. On n'échange que des produits du travail contre de l'argent pour satisfaire ses besoins. Quand je vole de l'argent, je peux l'échanger contre du travail. Quand je détourne de l'argent, je peux l'échanger contre du travail. Quand j'obtiens de l'argent par la drogue ou la spéculation financière, je peux l'échanger contre du travail. Lorsque j'exploite le travail des ouvriers, je peux l'échanger contre du travail. Je peux accéder à une quantité énorme d'argent sans travailler et vivre comme un pacha. L'argent acquis par le vol, la corruption, le détournement, le trafic, l'exploitation, la spéculation financière, le blanchiment permet d'accéder à tous les biens et services sans la moindre goutte de sueur. L'usage de la monnaie dans l'échange a donné la possibilité à certains d'exister et de vivre en parasites dans la société sans travailler.

Le capitalisme est une technique économique de production et de distribution dont la mécanique peut fonctionner sans créer nécessairement des riches et des pauvres outre mesure. Malheureusement notre modèle actuel crée plus de pauvres que de riches. La technique de production consiste à fusionner du capital privé et de la force de travail. La combinaison des deux facteurs de production donne un produit. **Ce produit sera distribué contre un pouvoir d'achat.** La technique de distribution se fait par l'intermédiation monétaire. La valeur monétaire du produit est composée d'une valeur ajoutée ou plus-value plus les coûts de fabrication ou de prestations. La déduction de toutes les charges hors salaire laisse une marge qui représente la valeur ajoutée qui rémunère le capital et le travail. Autrement dit, le capital avancé sous forme d'investissement ou coûts de production (hors coût du travail) par l'entrepreneur ou l'industriel est restitué. Il ne reste que les bénéfices à répartir entre les travailleurs et le propriétaire du capital. L'enjeu est le partage équitable de cette plus-value entre le capital et le travail. L'idéologie dominante décrète que la part du capital doit être beaucoup plus grande que celle du travail, unique source de valeur ajoutée qui rentre dans la comptabilité de l'entreprise. Notre histoire et notre civilisation reposent sur la valeur travail. La fonction travail est le moteur de notre évolution. L'éthique du travail est célébrée dans toutes les sociétés. L'argent (de l'industriel) ne crée pas de la richesse, c'est le travail (de l'ouvrier) qui crée de la richesse. La traite des Nègres ou confiscation de la force de travail, source de richesse, a été le premier modèle d'accumulation de richesse. L'esclave devait travailler gratuitement pour le maitre qui s'enrichissait. Les machines (produits d'ailleurs du travail) et tout l'environnement organisationnel qui entoure l'activité de production ne créent pas de la valeur. Tout cet environnement sans l'intermédiaire du travail ne produirait rien. Au contraire, le travail seul a produit le progrès sans cet environnement et continue d'en produire. Cet environnement ne représente que des conditions et des outils qui décuplent l'efficacité du travail. L'homme a toujours produit sa nourriture et satisfait ses besoins en l'absence de ces conditions techniques et organisationnelles. Cette répartition de la plus-value entre le capital et le travail pose donc un problème d'équité, de justice et d'éthique. Malheureusement cette règle de partage est sanctionnée par une légalité et justifiée par une idéologie. Il est alors clair que ce n'est pas la technique de production et de distribution du système qui est coupable, mais l'arbitrage et le jugement de l'idéologie qui l'accompagne. L'enjeu du débat est dès lors de mettre en cause le coupable, l'idéologie libérale justificatrice de cette norme de répartition qui appauvrit le travailleur.

Faut-il revenir sur des normes de partage équitables économiquement efficaces ? Nous pensons que le travail doit nourrir son homme. La part du salaire doit être suffisante pour mettre le salarié à l'abri de tout besoin. L'impôt sur la fortune (ISF) renvoie à la prise de conscience de l'injustice d'un tel partage de la richesse produite par le travail. Les fortunes accumulées s'opposent à la marche de l'économie. C'est du pouvoir d'achat immobilisé en dehors du circuit économique. Des propositions d'imposition de 75 à 90% ont été avancées pour redresser le préjudice économique et social que ces colossales fortunes entrainent. Nous saluons une telle redistribution de la richesse par l'État à travers l'impôt. Cette redistribution sous forme de revenu de base octroyé à tout citoyen se transformerait en pouvoir d'achat et retournerait dans le circuit économique en créant à nouveau des emplois. L'argent mort reprendrait une nouvelle vie.

L'initiative « Giving Pledge » en 2010 révèle le choc provoqué par cette accumulation scandaleuse de la richesse chez certains milliardaires en dollars (Warren Buffett, Bill Gates,..) habitués des classements du journal FORBES. Toutefois, leur engagement compatissant à donner au moins 50% de leurs fortunes à des fins philanthropiques est à admirer. Cependant, ils préfèrent continuer à exercer leur droit de propriété et d'usage sur ce patrimoine qu'il juge privé.

Les autres plus égoïstes, plus cupides et plus sadiques organisent des évasions ou des exils de leurs avoirs dans les paradis fiscaux qui fournissent des services d'opacité en utilisant des législations de complaisance. Leur but est d'échapper à l'impôt sur la fortune, donc à une contribution sociale qui ne pouvait que les honorer en les déculpabilisant.

Le capitalisme libéral place la liberté au centre de l'activité économique. Le libéralisme économique encourage la liberté d'entreprendre et de s'enrichir. Cette forme de liberté s'exprime en déverrouillant toutes les limites et obstacles nécessaires à la prévention de ses dérives. La concentration de la richesse dans les mains de quelques individus, résultat de cette liberté débridée, a conduit à des excès dévastateurs sur le plan économique et social. Elle a fini de creuser les inégalités sociales et économiques à un niveau exceptionnellement dramatique. La concentration des richesses secrètes aggrave les terreurs de la pauvreté. La richesse des uns s'accompagne nécessairement de la pauvreté des autres. La liberté de s'enrichir devient alors la liberté d'appauvrir les autres. Le droit de s'enrichir se confond au droit d'appauvrir ses semblables. Faut-il donc s'enrichir pour fondre les autres dans le creuset de la pauvreté. La liberté de s'enrichir ne doit pas se travestir en liberté d'appauvrir les populations. La liberté de s'enrichir s'arrête là où commence la misère des autres. On choisit d'être riche, mais on ne choisit pas d'être pauvre à moins d'être un pape. On est pauvre que par la décision d'un autre. Légaliser la liberté de s'enrichir à un niveau irrationnel, c'est légaliser la liberté d'appauvrir les autres.

Il nous faut dorénavant un réinvestissement moral et philosophique dans l'humain pour vaincre l'idéologie du matérialisme et de l'égoïsme qui retarde notre transition à l'idéologie du partage et de la sagesse. Notre civilisation est moins menacée par le changement climatique et par le modèle économique et financier en vigueur que par l'homme lui-même qui est devenu un animal matérialiste, égoïste, orgueilleux, narcissique, vicieux, cupide et sans foi.

Investir dans la production ou dans la consommation

Nous vivons une transition industrielle caractérisée par un fort taux d'automatisation. Les déterminants technologiques de notre activité conduisent à un désarmement de la main-d'œuvre manufacturière voire à un chômage massif. Nous sommes dans un contexte où l'industrie se libère des contraintes de la force humaine et de la force animale. L'innovation technologique, la machinisation et l'automatisation de l'activité ont des conséquences certaines sur la perte des emplois non qualifiés en particulier. Le travail humain exploitable et exploité tend à disparaitre pour céder la place au travail non exploitable des machines. Le travail humain crée de la plus-value et du pouvoir d'achat contrairement au travail de la machine qui produit de la valeur ajoutée en faisant disparaitre le pouvoir d'achat. Peut-on produire dans un système capitaliste sans ticket de consommation, sans pouvoir d'achat, sans salaire ? En faisant disparaitre le pouvoir d'achat, le système remet en cause forcément le modèle de distribution basé sur salaire contre (une) performance. La production est devenue abondante, mais en face n'existent qu'un maigre pouvoir d'achat et des besoins colossaux à satisfaire.

Le bannissement et la suppression aux profits de spéculateurs privés de la planche à billets ont abouti à des déficits budgétaires qui se traduisent par une augmentation des impôts et taxes, mais aussi de la dette publique. L'État ne cesse de grossir en exigeant plus d'impôts et de taxes qui continuent à grignoter le pouvoir d'achat du pauvre consommateur. **L'enjeu de la technique de distribution liée de manière prépondérante au salaire se révèle donc comme un défi majeur à relever ?**

Devenons-nous maintenir le modèle actuel de production et de distribution en anéantissant les bouches inutiles d'une population insolvable ou les laisser vivoter en pauvres esclaves contemplant le spectacle du luxe et de la célébrité des maîtres? Les luttes syndicales et populaires, mais aussi les guerres commerciales des temps modernes nous préviennent que notre modèle actuel est techniquement peu viable.

Le modèle capitaliste actuel s'est avéré incapable de créer le plein emploi et d'ajuster le pouvoir d'achat global à sa production. L'argent rentre dans le circuit économique sous forme de dette et dans la production sous forme d'investissement. Il sort de la production sous forme de salaires, d'impôts, de taxes, d'intérêts et de dividendes. Les biens et les services produits sont frappés de prix déterminés par des coûts. Ces prix sont formés des coûts de matières premières, de la force de travail, de l'amortissement des machines, des frais de transport, d'énergie, d'emballage, des bénéfices du producteur et du marchand, mais également des impôts, des taxes, des intérêts, de l'inflation, etc. **En tant que consommateurs, il nous revient le fardeau de payer les impôts, les taxes, l'inflation, la dette, etc.**

Soulignons en passant que les dividendes se transforment en pouvoir d'achat pour une partie et en épargne ou thésaurisation pour une autre, donc en pouvoir d'achat mort. Tout l'argent investi dans la production devrait se convertir en pouvoir d'achat effectif pour absorber par la consommation tous les biens et les services fournis. Il est évident que les coûts réels rémunèrent du travail alors que les intérêts, les impôts, les taxes (TVA) et l'inflation constituent des coûts surfaits payés par les consommateurs et qui tendent à gonfler les prix, donc à réduire leur pouvoir d'achat. Toutefois, les impôts et taxes se transforment en salaires dans la fonction publique, en achats et commandes de l'État pour reprendre le chemin du circuit économique. Il faut noter néanmoins que l'investissement dans les infrastructures est financé par la dette remboursée en impôts et taxes. Les infrastructures créent des emplois, mais ne créent pas de produit directement consommable. L'argent investi dans les infrastructures n'est récupérable indirectement que quelques années après en dépit de son remboursement prématuré par le service de la dette. L'effet d'éviction de cette partie de la dépense publique est comparable à l'effet de l'épargne, de la thésaurisation, du chômage et des intérêts qui retire du pouvoir d'achat au circuit économique. Nous voyons bien que la somme des prix qui exprime la valeur de la production dépasse largement le pouvoir d'achat aux mains des consommateurs. Pour déplacer tous les produits et services vers la consommation, il faut mettre en place un pouvoir d'achat supplémentaire. D'où peut provenir ce supplément de pouvoir d'achat ?

Faut-il distribuer à côté du salaire un pouvoir d'achat d'appoint à tout citoyen qui lui permet d'accéder aux produits et services nécessaires à son existence ? **En d'autres termes, faut-il continuer exclusivement à investir dans la production ou bien faut-il l'accompagner d'un « investissement » dans la consommation ?**

Notons que les idéologues et technocrates du système ne cessent de professer le dogme de l'investissement exclusif dans la production. Ils sont aveuglés par une science économique dont les principes sont dépassés par la réalité, mais ils ne s'en rendent pas compte. Ils répètent comme un leitmotiv de s'endetter et d'investir dans la production. La théorie économique libérale traine le dogme de l'investissement comme un atavisme. L'économie est un système bipolaire déterminé par la production et son corollaire, la consommation. Ce couplage est à l'image du couplage entre la production et la consommation électrique. Leur déséquilibre affecte la stabilité de la fréquence du réseau qui se traduit par des délestages. Au début du capitalisme, la demande des produits dépassait l'offre. Pendant les trente glorieuses, pour jouir du plaisir d'une voiture, il fallait la commander six mois avant. La production était à la traine de la demande. Nous étions dans une économie de la rareté qui ne pouvait offrir tout ce qu'on lui commandait. Il fallait donc investir pour produire, encore produire pour satisfaire les besoins des populations. La thèse de l'investissement dans la production était très pertinente dans ce contexte. Cet effort soutenu d'investissement a inondé les marchés de produits. L'offre a excédé la capacité d'absorption des marchés. On assiste ainsi à la transition de l'économie de la rareté à « l'économie de l'abondance ». Un nouveau contexte est né mais que les théoriciens de l'économie ont perdu de vue, aveuglés par leurs certitudes dogmatiques. Ce contexte caractérise la réalité de nos marchés actuels. Ils débordent de produits qui n'attendent que d'être vendus. Comme une jeune fille mure prête au mariage, ils ne cherchent que le prince charmant, le pouvoir d'achat qui peut les déplacer vers la consommation. Investir dans la production de biens et services hors innovation ne ferait qu'aggraver la situation des marchés en les saturant. Le taux de mortalité de 65% des entreprises sénégalaises témoignent de la saturation des marchés. Cependant, certains économistes vont l'attribuer à des compétences et à des qualités managériales insuffisantes. Ils ont vu tout faux, mais ils persistent. La réalité est sacrifiée à leurs dogmes.

Soit la cimenterie Dangote verse 20% de sa production au pouvoir d'achat national sous forme de salaires et dividendes mais injecte 80% de sa production dans le marché du ciment. D'où vient le pouvoir d'achat national supplémentaire qui fera écouler cette offre ? L'industrie et les entreprises augmentent le pouvoir d'achat national dans une proportion quatre fois moindre que ce qu'elles injectent dans la consommation, dans les marchés. Elles exacerbent la concurrence et la compétition. Chaque nouvel emploi créé pourrait correspondre à un autre détruit. Leur contribution au pouvoir d'achat est très insuffisante pour couvrir leur propre offre. Le pouvoir d'achat en face provient de la paysannerie, du secteur informel, des salaires de la fonction publique, des subventions, des indemnités et des allocations de l'Etat mais aussi du crédit de consommation. **Les consommateurs paient les rentes du protectionnisme, paient les impôts et les taxes qui frappent les produits et les entreprises, paient les coûts de l'inflation et remboursent les crédits.** Ils sont victimes de réductions indirectes de leur pouvoir d'achat. Nous constatons que le pouvoir d'achat global ne cesse de baisser relativement à la production. Le gap entre le prix de la production et le pouvoir d'achat global disponible s'approfondit malgré le crédit de consommation conçu pour le compenser. Il est opportun de combler ce gab par un « investissement » dans la consommation, autrement dit la **mise en place d'un pouvoir d'achat compensatoire financé par les impôts et les taxes** (sur la fortune) mais de préférence par la création monétaire ou la planche à billets. En d'autres termes, il s'agit de verser à chaque citoyen un revenu de base suffisant qui lui permet d'accéder aux produits et services nécessaires à sa vie.

Le projet *« un citoyen, un revenu »* et l'économie sociale et solidaire

Au-delà de la crise sanitaire, la pandémie Covid-19 a révélé, à la fois une crise démocratique, financière, économique, sociale et écologique du système libéral. Face à ce système à bout de souffle et aux menaces des idéologies ascendantes du populisme et des nationalismes, une véritable transformation de l'économie et de la société, fondée sur les valeurs de solidarité, d'égalité et d'humanisme est nécessaire. Il s'agit de lutter contre l'exclusion en passant par des innovations sociales qui prennent en compte la promotion de l'égalité des chances, la protection sociale et la protection de l'environnement. De nouvelles politiques publiques d'assurance et d'assistance sociale deviennent donc urgentes pour initier de nouvelles manières de produire, de distribuer, d'échanger, de consommer. Il faut inventer un nouveau mode démocratique d'entreprendre qui encadre le profit individuel dont la concentration dans des mains privées appauvrit les masses laborieuses. Il faut dorénavant donner la priorité aux personnes plutôt qu'au profit. En adoptant des modes de gestion démocratiques et participatifs innovants, on réussit à concilier activité économique des entreprises et utilité sociale et écologique. C'est ce nouveau visage rayonnant de douceur et de sagesse que nous renvoie la nouvelle économie sociale et solidaire.

Le projet ***« un citoyen, un revenu »*** s'inscrit dans cette perspective en proposant des réponses adaptées aux errements d'une économie mondiale de plus en plus vorace. L'ambition du projet n'est pas de chercher « à panser les plaies socio-économiques du système actuel » mais d'aspirer à un autre modèle de développement plus soutenable face aux risques de marchandisation extrême de la société. Elle se traduit concrètement par des aspirations à une économie de partage plus humaine et à des entreprises plus démocratiques et moins avides de profit pour endiguer la précarité, les inégalités sociales, la pollution, etc. Sa mise en œuvre prend nécessairement en charge une dimension sociétale afin de concilier solidarité, efficacité et écologie dans un monde de plus en plus concurrentiel. Notre modèle s'appuie également sur les acteurs du monde associatif, coopératif et mutualiste ainsi que sur toutes les personnes impliquées dans les initiatives citoyennes. Il s'agit de réhabiliter les idées, les principes, les valeurs, les comportements d'entraide qui constituent les fondements des associations, des mutuelles, des coopératives et des fondations pour accompagner des personnes fragiles. Il cherche à concilier solidarité, utilité sociale, protection environnementale, performance économique et gouvernance démocratique à travers une plus grande cohésion sociale.

Les concepts et les valeurs de l'économie sociale et solidaire dans lesquels s'enracinent notre approche et notre vision, permettent de réactiver de nouvelles dynamiques entrepreneuriales pour booster de manière inclusive le développement local particulièrement dans le milieu rural et dans les quartiers populaires des villes en fournissant des emplois durables non délocalisables, suivant des processus démocratiques et participatifs qui associent la puissance publique et les entreprises privées. L'économie ne pourrait être sociale et solidaire que lorsqu'elle produit des biens et des services utiles et accessibles à tous au lieu d'enrichir individuellement quelques-uns d'entre nous [1, 2, 3, 4]. Notre projet peut secréter de nouvelles solidarités qui engendrent de nouvelles propriétés dynamiques du système socioéconomique si on lui accorde une grande attention et un soutien politique plus marqué. Le projet ***« un citoyen, un revenu »*** est sans doute un puissant moyen d'atteindre les objectifs de l'économie sociale et solidaire.

Pour un modèle de développement basé sur le projet *« un citoyen, un revenu »*

Face au modèle inégalitaire en vigueur, il est urgent de trouver des réponses pertinentes et réalistes qui passent par une économie et une société plus équitable et plus démocratique. Le modèle de développement fondé sur le projet ***« un citoyen, un revenu »*** que nous proposons se veut être une réponse alternative, stratégique, adaptée et opportune. Tout projet de société, pour être efficacement traduit dans la réalité, doit s'appuyer sur une philosophie qui s'inspire des principes de solidarité, de démocratie et de justice sociale. Le capitalisme libéral en tant que technique de production et de distribution n'est pas mis en cause, mais son application qui se manifeste par l'expression de notre égoïsme, de nos instincts et désirs de cupidité pose problème. Au cours de l'histoire, le système capitaliste, malgré ses insuffisances du moment, n'a cessé d'assurer à l'humanité le progrès technique, scientifique, social et économique. Le système n'est pas mauvais en soi. Il est même efficace et couve d'énormes potentialités insondables. Ses véritables objectifs ne sont pas contradictoires à ceux du socialisme. Il est en mesure d'assurer le bien-être social tel que visé par le socialisme. Il faudrait que sa mise en œuvre reflète notre esprit de solidarité, de démocratie, de fraternité et de justice sociale.

Le projet ***« un citoyen, un revenu »*** s'assigne comme objectif et comme mission de rendre au capitalisme ce doux visage humain. Le concept de revenu de base généralise (RBG) qui en est la pierre angulaire, l'axe central et l'épine dorsale, tout en s'enracinant dans des principes de solidarité, d'égalité, de démocratie et de justice, se fonde sur le droit universel en vigueur en le dépassant. Le revenu de base généralisé consacre le **droit naturel à l'existence et à la vie. C'est un droit inconditionnel garanti qui n'a pas d'équivalent dans l'actuel système des droits humains. Ce droit précède la naissance de l'individu, donc ne dépend ni de son statut social ni de son rang social. C'est un droit qui est produit et acquis par la naissance et effectif dès la naissance.** C'est un nouveau droit à caractère universel. Il est l'expression la plus généreuse et la plus achevée des droits de l'homme. N'ayant pas d'équivalent dans le tissu des droits reconnus de par sa genèse, son essence et son effectivité, il peut jouer cependant les mêmes rôles que la sécurité sociale, la protection sociale, la subvention, l'aide sociale, la bourse de sécurité familiale, etc.

Notre volonté de vivre ensemble dans un État repose sur notre besoin de sécurité qui consiste à nous protéger contre les fléaux de tous ordres. C'est le devoir de tout gouvernement de centrer son attention et son action sur la rénovation des fondamentaux sociaux, économiques et institutionnels de la société et de l'État dans une perspective de progrès et de sécurité. Il s'agit d'inventer notre futur au moyen de projets encadrés par une vision portée par un concept qui en est la substance et une stratégie qui en est le moteur. Le projet ***« un citoyen, un revenu »*** est un concept de développement fondé sur une stratégie et une vision. Un concept basé sur l'enrichissement global (de la majorité) de la population par l'accroissement du pouvoir d'achat national dont le rôle est de tirer la production. Une vision fondée sur la certitude que l'homme est au début et à la fin du développement, qui place le citoyen au cœur des préoccupations de l'État. Une stratégie qui convertit la vision et le concept en réalité et qui est basée sur le revenu de base généralisé, l'autosuffisance énergétique, la couverture sanitaire universelle, l'actionnariat populaire, la formation et la création d'emplois mais également sur l'attractivité et la compétitivité. Cette stratégie dessine le Sénégal comme un pôle attractif et compétitif de la sous-région qui tire sa force des marchés des pays limitrophes. Il s'agit de jouer un rôle moteur dans un environnement caractérisé par un marché d'environ 50 millions de consommateurs. Le Sénégal aura la mission d'entrainer dans un mouvement d'ensemble ces économies et de les mettre en orbite autour d'un axe d'émergence.

Le progrès technique, qui devrait libérer l'homme des peines de la vie conduit aujourd'hui à un non-sens social : le chômage et la pauvreté. La capacité productive par homme et par heure ne cesse d'augmenter grâce au développement et à la diffusion des progrès scientifiques et technologiques. Lorsque les robots auront fini de remplacer l'homme dans les entreprises et les champs, en d'autres termes, lorsque le riz, les pommes de terre, le lait, le fromage que nous mangeons ; le savon, les voitures que nous utilisons, le jus et les boissons que nous buvons, sont tous produits par des robots, nous serons tous des chômeurs. Nous sommes tous des chômeurs en sursis. Mais comment allons-nous faire pour manger, pour se vêtir, pour dormir ? Il ne reste qu'à distribuer de l'argent sous forme de revenus !

Le projet ***« un citoyen, un revenu »*** se révèle comme le précurseur de cette politique sociale inévitable. C'est un programme qui propose à l'État d'octroyer à chaque citoyen sénégalais un revenu de base mensuel et de le couvrir sur le plan sanitaire par une assurance maladie obligatoire généralisée. Le projet ***« un citoyen, un revenu »*** représentera l'une des expressions institutionnelles les plus vigoureuses de la solidarité nationale. Elle doit être protégée par une loi qui la consacre comme un droit social naturel.

Le projet ***« un citoyen, un revenu »*** est un **concept social de transfert financier** fondé sur une dynamique sociale et économique pour sortir le Sénégal et les pays africains du sous-développement et de la pauvreté. **Il est conçu comme un modèle social, économique et démocratique innovant basé sur une approche de l'émergence par les ménages et l'entreprise nationale. Il se présente comme un investissement économique à effet social ou vice versa.** Le projet ***« un citoyen, un revenu »*** repose sur des fondements économiques, sociaux, juridiques, philosophiques et éthiques. Enraciné dans les principes constitutionnels sénégalais et le droit universel, il contribue à la croissance économique et prévient les risques sociaux tels que la maladie, la pauvreté, la vieillesse, le chômage, etc... Le projet « **un citoyen, un revenu** » est une nouvelle vision d'un État moderne, démocratique et social. Il vise la modernisation de la vie économique, politique, sociale, culturelle dans un environnement marqué par le redressement éthique et moral de la société.

Notons que l'idée d'un transfert direct de revenus aux populations n'est pas nouvelle. Elle est supportée par la mise en place d'un système de protection sociale en vigueur dans la majorité des pays européens. Le système de protection sociale qui est une invention politique extraordinaire de l'Allemand Bismarck (1883) et de l'Anglais Wiliam Beveridge (1946), existe dans plusieurs états européens comme un droit social acquis depuis la fin de la Deuxième Guerre mondiale qui a ruiné leurs économies. Homme politique, économiste et administrateur britannique, Sir

William Beveridge, est nommé par Churchill en 1940 président d'un comité interministériel chargé de faire des propositions pour l'amélioration de la protection sociale dans un contexte marqué par la Deuxième Guerre mondiale. Le libéral Beveridge va préparer un programme keynésien qui préconise un système universel financé par l'impôt par opposition au modèle allemand financé exclusivement par les cotisations sociales des travailleurs. Il préconise une redistribution à la fois verticale et horizontale du revenu pour lutter contre le manque de ressources, la maladie, la vieillesse, l'ignorance et les taudis. Les contributions des employeurs et des salariés complétés par des fonds issus de l'impôt servent à financer l'aide aux sans emplois, aux malades, aux chargés de famille et aux vieillards. « C'est la politique d'assurance la meilleure et la moins chère offerte au peuple britannique ou à n'importe quel peuple où que ce soit » dira James Griffiths, le ministre de la Sécurité sociale de l'époque. **Le raz de marais travailliste lors des élections de 1945 emporte le siège de l'initiateur libéral du meilleur programme de protection sociale à cause de la réticence coupable de ses pairs libéraux à adopter le projet.** En application du plan Beveridge, en 1946 le gouvernement travailliste de Clement Attlee[1] fait adopter la National Insurance Act qui instaure la sécurité sociale anglaise et révolutionne notamment le système médical anglais avec le National Health Service (NHS). Une grande publicité a été donnée au rapport de Beveridge par la presse. On retrouve le programme de Beverdige dans les multiples déclarations internationales. L'article 22 de la Déclaration universelle des droits de l'Homme de 1948 reconnaît à toute personne un droit à la sécurité sociale en tant que membre de la société.

[1] https://fr.wikipedia.org/wiki/Gouvernement_Attlee, https://www.vie-publique.fr/fiches/24113-systemes-bismarckien-et-beveridgien-detat-providence

Il est de la responsabilité et du devoir de chaque État de garantir l'égalité et la solidarité face aux risques sociaux. L'assurance des droits sociaux aux citoyens est un facteur de cohésion sociale et de stabilité démocratique. **Une stratégie efficace pour prévenir et réduire les conflits sociaux et politiques doit s'appuyer sur le renforcement de la cohésion sociale par un niveau minimal garanti de protection sociale.** La sécurité sociale favorise incontestablement la promotion des droits humains et de la dignité de l'homme. Se développer économiquement au détriment d'un développement social conduit tôt ou tard à de graves problèmes de société. Nous avons la conviction que l'économie de demain devra sans nul doute reposer sur le capital humain. Le taux de rendement de l'investissement humain est élevé et même supérieur à long terme à celui de l'investissement dans les infrastructures en termes économiques. Le constat que les pays scandinaves, avec un taux de protection sociale très élevé, occupent fréquemment, dans les années 2000, les cinq premières places du classement international sur la compétitivité, montre qu'une forte protection sociale est parfaitement compatible avec la croissance et l'emploi. L'investissement dans le capital humain relève donc d'une rationalité économique. « **Certes, la sécurité sociale coûte cher, mais l'absence de protection sociale coûterait économiquement, socialement et politiquement encore plus cher** ». Le progrès technique et scientifique booste la production, crée du chômage et donc retire du pouvoir d'achat en régime capitaliste. Mais il représente un capital social auquel nous avons tous contribué et dont nous devons tous hériter. Ce capital social demeure historiquement la première source de valeur ajoutée. Nous sommes tous des actionnaires de ce progrès, ainsi réclamons nous notre droit à un dividende. Autant la chaleur du soleil n'a pas de valeur d'échange malgré sa valeur d'usage incommensurable, autant l'oxygène de l'air n'a pas de valeur d'échange en dépit de sa valeur d'usage incontestable, autant les fruits du progrès technique et scientifique (le capital social) anonyme produit par des machines sans aucune souffrance humaine doivent perdre leur valeur d'échange et se mettre à notre disposition. Ce dividende doit se payer non seulement sous forme de temps libre mais aussi et surtout sous forme de pouvoir d'achat, de revenu de base. Se nourrir, se loger, se soigner, se vêtir et s'instruire constituent les cinq besoins élémentaires dont la satisfaction favorise la capabilisation de chaque individu à participer à la construction nationale mais aussi et surtout à se sentir et se rendre utile. Ce revenu de base relève donc d'une question humaniste, culturelle, démocratique, d'équité et de justice.

Certains économistes récusent le revenu de base comme un pouvoir d'achat reçu sans contrepartie, sans travail. La finalité d'un système économique n'est pas de créer des emplois et des profits. La finalité de l'économie est de satisfaire les besoins des populations avec une moindre dépense de travail voire sans travail. **Notre actuel système capitaliste, fondé sur l'exploitation de la force de travail, nous a habitués à considérer la création d'emplois et de profits comme ultime objectif du système.** Toutes les stratégies de promotion d'activités sont soumises à la création d'emplois et de profits et justifiées par la création d'emplois et de profits.

Le 21e siècle est un siècle de rupture. Il boucle 2000 ans de civilisation. Il ferme un cycle d'histoire de la pensée et de l'action. Faut-il donc renouveler la pensée, les méthodologies et les habitudes face aux modèles socioéconomiques usés et vieillots des politiciens et des économistes ? Oui, il nous faut renouveler notre réflexion et notre pratique pour réorienter notre histoire et notre destin dans le cadre d'un nouvel ordre sécuritaire bâti sur le progrès social et économique, la démocratie, la paix et le bien-être écologique. Le projet ***« un citoyen, un revenu »*** n'aspire qu'à la pertinence d'un tel objectif. C'est la raison pour laquelle nous avons osé penser autrement et audacieusement pour apporter une originalité à la démarche politique et un nouveau ton au débat politique. Par conséquent, nous proposons le projet ***« un citoyen, un revenu »*** comme une innovation démocratique et sociale fondée sur une nouvelle approche de l'émergence par les ménages et l'entreprise nationale. *Du futur nous ne connaissons que son passe, il s'agit maintenant d'inventer le futur de notre futur.*

PREMIÈRE PARTIE

NOS DÉFIS CONTEMPORAINS

L'expertise politique et économique de notre planète a dessiné l'activité économique en la confinant dans un ordre qui a atteint les limites de son développement. Nous sommes bien à la croisée des chemins face aux échecs répétés des experts et des politiques qui aboutissent aux crises de toutes sortes. L'Afrique et le Sénégal en particulier sont confrontés à une situation caractérisée par la globalisation et la financiarisation de l'économie. L'endettement et la répartition inégale des richesses sont les manifestations pernicieuses qui menacent leur stabilité économique, politique et sociale en asservissant leurs populations. Ils représentent des défis à relever. Des certitudes et des dogmes du libéralisme aussi bien que du socialisme se sont effondrés laissant sur leurs ruines des bulles d'interrogations. Les dignitaires politiques et les potentats financiers du monde s'interrogent ! Tout le monde s'interroge ! Il faut vraiment s'interroger ! Encore s'interroger ! Toujours s'interroger !

Chapitre 1 :

La globalisation, une chance pour l'Afrique

Nous vivons dans un monde dont la configuration socioéconomique est le résultat de la dynamique des processus de globalisation. Toutes les dynamiques nationales sont impactées en se heurtant aux processus des mouvements et des phénomènes globalisés. Les frontières culturelles, intellectuelles et territoriales s'effondrent et s'effacent devant le nouvel environnement commercial, financier et économique déterminé par l'intégration des marchés et l'ouverture des économies nationales. Le dynamisme d'un tel système se manifeste sous forme de redéploiement de l'appareil productif et industriel (usines de fabrication de voitures en Chine, au Nigéria,...), de l'appareil commercial (Auchan, Carrefour au Sénégal, ...) et de l'appareil financier (la présence de nombreuses banques en Afrique,...). La globalisation représente un écosystème dont les propriétés intrinsèques se caractérisent par un contexte quantique qui renvoie à la délocalisation et à l'indéterminisme. Cette situation probabiliste n'est à priori ni à l'avantage ni au préjudice d'aucun pays.

Il convient en conséquence à chaque pays de développer des stratégies qui permettent de capter les opportunités et les possibilités que lui offrent les retombées de la mondialisation, cette ouverture des économies nationales marquée par des délocalisations. Contrairement aux nationalistes et patriotes africains qui se plaignent de l'implantation d'entreprises étrangères dans leur sol, l'atelier du monde, la Chine en sourit face aux Européens et aux Américains, les victimes qui en pleurent. Il nous faut actualiser notre logiciel mental en ajustant nos mentalités traditionnelles et coloniales voire nos représentations pour profiter de ce processus mondialisé. Ne pas accepter l'accouplement culturel fécondant avec les autres cultures résultant à un métissage culturel efficace témoigne d'un repli sur soi pathologique. Il faut libérer et émanciper notre esprit de son conditionnement psychologique en nous débarrassant de nos réflexes et de nos réactions de colonisés. Voir dans le franc CFA (la monnaie unique de l'UEMOA) ou dans la présence des entreprises françaises, exclusivement un vestige de la colonisation, exprime une frilosité caractéristique d'un esprit de colonisé. Il faut désormais s'interdire de voir partout la colonisation, la dépendance et l'impérialisme même si ces velléités continuent d'exister. Pour être libre, il faut se sentir libre et penser librement. Les notions de nationalisme, de patriotisme et de protectionnisme sont inappropriées au contexte de mondialisation et peuvent se révéler dangereuses pour la stabilité et la sécurité nationale voire internationale. Espérons que la guerre commerciale entre la Chine et les USA sur fond de protectionnisme américain ne nous donne raison. Que les dérives de cette guerre commerciale ne se transforment en guerre militaire ! Notons, en passant, que l'Union Européenne (UE) est une forme de protectionnisme multinational.

Pour transformer les mécanismes d'un tel système mondialisé en avantages, il faut procéder par une approche basée sur des concepts modernes, adaptés, opérationnels et dynamiques tels que les concepts d'intelligence politique, d'intelligence économique et d'intelligence diplomatique.

Le concept d'intelligence politique permet de créer des conditions d'attractivité, de compétitivité et d'innovation qui placent son pays parmi les premiers choix pour tous les investisseurs étrangers. Les infrastructures routières, ferroviaires, portuaires et aéroportuaires qui rendent fluide la mobilité des biens et des personnes, les infrastructures de télécommunications qui facilitent la communication et l'information à distance, les infrastructures électriques qui favorisent la rentabilité des entreprises, les infrastructures sportives, hôtelières et culturelles qui accueillent les touristes, les compétitions et les événements internationaux, la disponibilité de ressources humaines compétentes pour répondre à la demande de main-d'œuvre qualifiée des entreprises étrangères, un environnement des affaires efficace, la bonne gouvernance, la paix civile et politique, la sécurité des biens et des personnes qui inspirent confiance et rassurent les expatriés représentent des facteurs décisifs pour convaincre les acteurs de la mondialisation et candidats à la délocalisation, facteur de transfert de technologie. Ce sont les meilleurs atouts qui, trempés dans une chaude et accueillante hospitalité, peuvent attirer l'investissement direct étranger (IDE).

L'entreprise étrangère comme sénégalaise crée des emplois et paie des impôts à l'État en plus des avantages indirects tels que le transfert technologique, la location d'appartements,... Les profits qu'elles (les entreprises sénégalaises et étrangères) amassent et qui n'appartiennent pas à l'État s'orientent la plupart du temps vers les paradis fiscaux, meilleurs refuges pour échapper au fisc par l'évasion ou l'exil fiscal. Rien n'est donc moins probable et moins garanti que le retour de leurs bénéfices dans l'investissement national. Pour mieux intéresser les entrepreneurs étrangers et les encourager à réinvestir leurs profits dans l'économie nationale, ne faudrait-il pas définir la notion et le statut d'entreprise nationale et les avantages qui l'accompagnent? Une entreprise qui emploie 80% de main-d'œuvre sénégalaise et de ressources sénégalaises, qui paie 100% de ses impôts et taxes à l'État du Sénégal et qui réinvestit 80% de ses bénéfices dans l'économie nationale ne mériterait-elle pas le statut d'entreprise nationale ? Une définition politique intelligente qui ne tient pas compte de la nationalité de l'entrepreneur pourrait être pertinente et nous rendre un grand service.

L'intelligence politique nous permet en outre de nous adapter au contexte de globalisation et de mondialisation en atténuant les effets négatifs et en développant de la résilience pour épouser de manière souple, flexible et sans frottements les courbes des contraintes, des rigueurs et des aspérités liées aux interactions à l'œuvre dans l'espace international. L'évolution et le développement de la bourse de sécurité familiale et de la couverture maladie universelle en revenu de base généralisé associé à une assurance maladie obligatoire représenteraient incontestablement des solutions d'atténuation et d'adaptation.

Le concept d'intelligence économique nous permet d'analyser nos atouts liés aux avantages comparatifs (de David Ricardo) que présentent nos économies nationales en termes de production, de consommation, d'opportunités, de possibilités, d'attractivité, de compétitivité, d'innovation,… dans les échanges internationaux. Des actions, des attitudes et des stratégies conséquentes basées sur des analyses prospectives des tendances économiques fondées sur un système d'information fiable et performant pourraient en résulter et conduire à des succès qui rivalisent avec ceux des pays dits développés. Notre diversité animale, notre diversité végétale, notre diversité minérale ou minière (« carte à un milliard de dollars» de la banque mondiale), nos espaces cultivables, nos ressources hydrauliques, halieutiques et aquatiques, notre diversité culturelle, notre génie inventif et imaginatif, notre pauvreté qui nous permet de vivre de manière sobre et modérée, au total des réalités qui n'existent nulle part ailleurs, constituent notre richesse et nos meilleurs atouts comparatifs pour gagner une place honorable dans la compétition internationale.

La zone africaine de libre-échange (ZLECA) et la monnaie africaine commune restent des objectifs stratégiques qui demeurent des expressions pertinentes et rassurantes de notre intelligence économique. La zone de libre-échange nous assure un transfert de technologie lorsqu'elle est bien conceptualisée en facilitant l'accès au marché commun à des entreprises étrangères délocalisées aux statuts particuliers bien définis. La monnaie commune (pas de monnaie unique) servirait de base monétaire à tous nos échanges commerciaux et financiers internationaux. Elle jouerait le rôle de monnaie continentale comme l'EURO à côté de nos monnaies nationales de la même façon que le dollar américain a joué le rôle de monnaie internationale à côté des monnaies nationales de tous les pays. Elle nous permettrait de mettre en œuvre des politiques monétaires qui aboutiraient, entre autres avantages, à un soulagement des lourdes charges de notre dette mais aussi à une facilitation d'un financement solidaire de nos économies comme en témoigne le plan de relance de la zone euro (700 milliards d'euros injectés au moyen de la planche à billets) en plein contexte de COVID-19.

La transition de l'économie de la rareté à l'économie de l'abondance a placé le consommateur au cœur de l'économie au détriment du producteur. Le consommateur n'avait pas le choix pendant les 30 glorieuses (où la demande dépassait l'offre), il prenait tout ce que le producteur lui offrait car le produit était rare. Le producteur était roi. De nos jours, dans les temps modernes de l'abondance, le consommateur choisit son lait, son sucre, sa voiture. Il décide de la vie ou de la mort d'un produit. Le consommateur devient le roi du marché. Il exige désormais des biens et des services bon marché et de qualité. Le rapport prix/qualité reste sa référence fondamentale préférée ! La compétitivité, la productivité, la qualité, l'innovation, le marketing et la communication sont aujourd'hui les maitres mots qui font gagner des parts de marché. Nous sommes dans des économies ouvertes. L'ouverture des marchés a fait du consommateur le roi du marché. Le protectionnisme et le patriotisme économique développent des économies de rente au détriment du consommateur. Le sucre vendu à Dakar à 600 FCFA le kilogramme est vendu à Richard-Toll (où se trouve la CSS) entre 300 et 400 FCFA. Une rente entre 60 et 40 milliards est gracieusement offerte à Mimeran pour une consommation nationale d'environ 200.000 tonnes de sucre ! Les consommateurs sont ainsi spoliés de 60 à 40 milliards. Il faut protéger 5.000 emplois en détruisant le pouvoir d'achat de 16 millions de consommateurs. Sauver 5.000 travailleurs de la CSS au détriment de 16 millions de consommateurs, voilà la « rationalité économique » qui sous-tend l'irrationalité à la base de cette énormité, le protectionnisme.

Le concept d'intelligence diplomatique favorise la visibilité et valorise l'image et la personnalité de nos pays. Une représentativité diplomatique honorable trempée dans la bonne gouvernance démocratique, une paix civile et sociale, une justice équitable, un bon voisinage entre pays limitrophes, une ouverture aux autres cultures, une collaboration franche avec les institutions internationales et une conformité à leurs décisions fondées sur le droit international et le respect de nos engagements (internationaux) doit demeurer le fondement de notre rayonnement international.

Les pays du Nord découvrent tardivement et malgré eux qu'ils ne peuvent progresser sans les Africains. Ils ont fini de construire leurs pays. Leurs économies ont atteint des niveaux de saturation qui les obligent à inaugurer d'autres prairies vertes pour maintenir au moins leur standard de vie actuel.

Lors du Sommet États-Unis-Afrique du 13 et 14 décembre 2022 à Washington, le président américain Joe Biden a plaidé pour un grand "partenariat" avec l'Afrique et « en faveur d'un rôle accru pour l'Afrique sur la scène internationale avec un siège au Conseil de sécurité de l'ONU et une représentation formelle de l'Union africaine au G20 ». Il affirme devant les dirigeants de 49 pays africains l'espoir que ce partenariat sera la clé du "succès" pour le monde. "Quand l'Afrique réussit, les États-Unis réussissent. Le monde entier réussit", proclame-t-il dans ces certitudes. "Ce partenariat n'est pas destiné à créer des obligations politiques, à créer de la dépendance, mais à stimuler des succès partagés et à créer de l'opportunité". "Nous en avions besoin car nous estimons que les États-Unis étaient restés pendant très longtemps loin des préoccupations africaines". "Nous ne pouvons pas résoudre les défis qui nous sont posés sans leadership de l'Afrique, a-t-il poursuivi. Les Américains dénoncent cependant le rôle "déstabilisateur" de la Chine et de la Russie -en Afrique tout en refusant d'être en compétition avec eux. Ne dormaient-ils pas au moment où les Chinois et les Russes qui ont compris très tôt l'enjeu se sont réveillés ? Les États-Unis envisagent d'investir "55 milliards de dollars en Afrique d'ici trois ans" dans le domaine de la santé et de la lutte contre le changement climatique. Les entreprises américaines des secteurs - de la cybersécurité, de la technologie du "cloud", des infrastructures -, se mobilisent à travers un investissement de 2 milliards de dollars en Afrique, où la Chine a largement supplanté les États-Unis en termes d'investissements, pour combler la fracture numérique persistante entre riches et pauvres.

La présence du Maroc en demie finale de la compétition mondiale de Football de 2022 au Qatar, une première pour une nation africaine, démontre que les africains peuvent rivaliser d'égal à égal avec les pays développés s'ils profitent, comme c'est le cas par leur enrôlement dans les grands championnats européens, d'un encadrement technique et professionnel assorti d'un environnement socioécomique et socioculturel adéquat qui leur permettent de s'éclater en exprimant leurs compétences et aptitudes sportives. Ce n'est pas notre peau qui limite nos compétences et nos performances mais l'absence d'un environnement d'inputs techniques, scientifiques, intellectuels et culturels qui puissent exciter nos capacités et révéler nos talents à l'image de l'équipe de France. "L'Afrique ne manque pas de talents, mais il y a un manque énorme d'opportunités".

La mondialisation et la globalisation sont des phénomènes historiques irréversibles nés de l'évolution des progrès scientifiques et techniques mais aussi intellectuels, philosophiques et culturels. Elles sont des manifestations nécessaires de la dynamique de l'histoire qui ne sont pas mauvaises en soi. Il faudra les apprécier à leur juste valeur. L'avenir appartient au métissage biologique et culturel (dans le sens large) disait Leopold Sedar Senghor. Nous ne dénonçons pas la globalisation et la mondialisation qui drainent des qualités intrinsèques du processus universel. Nous condamnons les dérives abusives consécutives aux actions malveillantes, irresponsables, inconscientes, intéressées et égoïstes du leadership politique, financier et économique mondial. Mais l'invisible main d'Adam Smith est à l'œuvre. La poursuite des intérêts particuliers des individus et des États finit par servir l'intérêt général. La mondialisation pourrait exprimer un nouvel humanisme économique, social et culturel en dépit des résistances des nationalistes de toute obédience. Les Africains doivent être les protagonistes de cette foi naissante. La globalisation est une chance pour l'Afrique si nous savons en tirer bénéfice.

Chapitre 2 :

La croissance, une économie de profit

Notre actuel modèle de croissance est basé sur la recherche effrénée de profits accumulés sous forme de richesse monétaire. Il détruit tout sur son passage sans scrupule. L'écologie environnementale, l'écologie industrielle, l'écologie sociale sont sacrifiées au profit d'intérêts privés insatiables. La capacité productive de la société humaine nous offre en qualité et en quantité la possibilité de vivre sans fragiliser encore moins détruire les fondements de notre vie. La croissance produit des choses à la fois utiles et inutiles à notre santé et à notre vie. Elle est cependant limitée par les besoins des consommateurs et par leur pouvoir d'achat. Les besoins des consommateurs peuvent se renouveler. Ils sont élastiques. L'idéologie et les experts du marketing ne cessent de créer de nouveaux besoins factices. Par contre, le pouvoir d'achat qui subit une baisse tendancielle ne peut pas suivre la montée de ces besoins. Tout est marchandisé : le plaisir, le sport, les services, l'alimentation,…. Il faut vendre, encore vendre, toujours vendre et tout vendre. De l'industrie du plaisir à l'industrie du sport en passant par l'industrie des services et l'obsolescence programmée, la croissance noie notre être et notre esprit dans la substance matérialiste qui stérilise notre âme. Nous sommes séduits par le matériel. Nous courons derrière le matériel. Nous sacrifions notre famille au nom du bien-être matériel. Nous désertons les foyers. Maman et papa vont au travail, passent plus de temps avec les autres qu'avec eux-mêmes et pire qu'avec les enfants. L'émotion qui fermente le sentiment s'évapore. Les enfants se déshumanisent et se robotisent. Le renouvellement humaniste de la société s'évanouit dans le temps. Il est renvoyé aux calendes grecques.

L'obsolescence programmée en maintenant artificiellement l'industrie et l'emploi, épuise les ressources naturelles et rogne notre pouvoir d'achat. Au lieu de produire une voiture qui dure trente ans, il faut en produire une qui doit être remplacée en cinq ans de durée de vie. Au lieu de ménager l'environnement par des stratégies basées sur de longues durées de vie, on propose une industrie de recyclage qui n'atténue que le pillage des ressources naturelles et gaspille de l'énergie par une consommation excessive en encombrant l'espace par des déchets recyclés.

La taxe carbone et la fiscalité ne peuvent pas amortir les effets de la croissance ni réduire les inégalités sociales. Elles ne sont pas des charges pour les entreprises qui les transfèrent aux consommateurs. Comme toute taxe ou tout impôt, elles sont payées par les consommateurs. Notre modèle de croissance sécrète plus d'externalités négatives que positives. La croissance devrait créer naturellement de la richesse et des emplois et augmenter les recettes fiscales. Mais la croissance bâtie sur la recherche de profits dans un contexte d'automatisation fait monter au contraire le chômage, fait déraper les finances publiques par des exonérations intempestives car il faut protéger la rentabilité du capital.

Produire du tabac et du vin qui tuent, vendre de la drogue et du sexe qui avilissent, gaspiller de l'énergie par des stratégies mercantilistes n'est pas interdit tant que les profits de nos maîtres sont garantis. Produire, produire rien que pour accumuler des profits, va nous conduire lentement et surement à notre perte. Il nous faut un modèle sain de croissance qui nous procure tout juste ce dont nous avons besoin pour notre épanouissement biologique, mental, social et écologique. Dans ce modèle, le profit n'est plus le moteur mais une simple et nécessaire conséquence.

Nous courons derrière un taux de croissance qui est le meilleur indicateur de progrès économique selon nos technocrates. Plus le taux de croissance est élevé, plus nos performances économiques sont étincelantes. La croissance mesure l'augmentation annuelle du produit intérieur brut (PIB), de la somme des valeurs ajoutées. **Le PIB, principal indicateur de croissance, ne prend pas en compte le travail domestique, le travail social, le travail au noir, le travail illicite ou illégal et la disparition des ressources naturelles.** Le PIB ne représente que le rendement du capital financier alloué aux entreprises par les banquiers. Toutes ces activités nécessaires à la vie des populations sont ignorées par nos savantes statistiques. Le travail domestique, activité non rémunérée, est la base de toute activité viable dans la société. Sans elle point d'économie. Le travail social éduque et encadre les populations en les préparant aux responsabilités civiles, sociales et politiques. Le travail au noir est mal rémunéré à cause d'une concurrence déloyale caractéristique d'une croissance de profits. Le travail illicite ou illégal, lié à l'économie de la drogue ou du sexe, menace notre santé mais irrigue le capital financier par le biais du blanchiment.

En outre, le taux de croissance ne s'intéresse pas non plus à qui profite l'augmentation du PIB. Il ne mesure que le progrès économique et passe sous silence le progrès social et écologique. La répartition de la richesse créée est le dernier de ses soucis. Un taux de croissance positive n'indique pas toujours une « croissance effective ». Il nous faut un taux de croissance effectivement positif pour pouvoir parler de croissance. Ce taux de croissance positif effectif nous permet de prendre en charge la répartition de la richesse dans le concept de croissance. Une croissance qui n'atteint pas les populations n'est pas une croissance effective. Elle perd sa crédibilité. Les inégalités dans la distribution des revenus générés constituent les principales causes de nos instabilités et de nos maux. Le capital humain, social, institutionnel, naturel et physique nécessaire à notre vie ne peut pas ne pas être considéré dans l'évaluation des facteurs de notre développement durable. C'est ainsi que l'indice de développement humain (IDH), indicateur alternatif au PIB, comble le gab, en prenant en compte, les capitaux humains, sociaux, institutionnels, naturels et physiques.

Enfin, nous vivons dans une économie bâtie sur la dette. Notre croissance est financée par la dette. Le produit de la croissance est distribué entre les gains financiers et la population. Malheureusement la croissance sert d'abord à payer les dettes avant d'améliorer les conditions de vie économiques et sociales des populations. Une croissance ne sert pas seulement à payer la dette pour enrichir nos maîtres financiers, elle doit être perçue par les consommateurs. La dette nous bouffe la croissance, nous bouffe la vie. La croissance se confond à la croissance de la dette et la croissance de la dette se confond à la croissance des profits. Les revenus financiers sont dopés par la croissance. On finance tout ce qui rapporte du profit. Qu'importe les conséquences sur la santé, sur l'environnement, sur la société. Notre croissance est au service de la dette. Il faut s'endetter, encore s'endetter, toujours s'endetter pour investir et payer la dette. La dette paie la dette. Les taux d'endettement et de croissance se rapprochent ainsi pour se confondre.

Notons que tous les peuples et toutes les nations aspirent à la souveraineté industrielle, à la souveraineté technologique et à la souveraineté numérique. Les marchés extérieurs vont devenir de plus en plus étroits tandis que les marchés intérieurs prennent de plus en plus d'importance. Le protectionnisme et son corollaire le conflit armé a de beaux jours devant lui. Chaque peuple veut produire et pourra produire sa propre voiture, sa propre télévision, son propre ordinateur, son propre téléphone, ….La voie aux extrémismes de tout acabit est ouverte. Les protectionnismes, les guerres commerciales et les guerres militaires sont les conséquences indésirables d'une croissance incontrôlée, alimentée par les désirs inassouvis de gains de profits, dans un contexte industriel et technologique où l'économie dépend de moins en moins du travail de l'homme. Il est urgent de réfléchir à une révolution qui remet en cause notre ordre international et notre actuel modèle économique et démocratique pour prévenir lesdits dangers que nous pouvons encourir.

La finalité de l'économie n'est pas de créer des emplois pour rendre les hommes esclaves par l'aliénation de leur travail. La finalité de l'économie est au contraire de libérer l'homme du travail laborieux qui l'abêtit, pour accomplir la promesse de la renaissance spirituelle qui l'ennoblit en le réconciliant avec l'être divin. La croissance sera humaine ou nous entrainera à notre perte.

Chapitre 3 :

Les mécanismes de répartition des richesses

De l'esclavage à la colonisation en passant par l'organisation mondiale du commerce (OMC) et l'endettement administré, l'Afrique a été toujours victime du partage des richesses et des patrimoines de ce monde. À travers l'esclavage, l'Amérique a disposé de l'énergie renouvelable la plus valorisée de l'époque, la force humaine des esclaves plus productive que les machines dans l'exploitation des plantations de canne à sucre. Le nombre d'esclaves était pris en compte dans le patrimoine des maitres qu'il rendait les plus riches de leur classe. Certains économistes pensent que le capital humain représente la première forme de capital au XXIe siècle. Le travail forcé et l'exploitation des ressources de l'Afrique imposé par le système institutionnel violent de la colonisation ont dépecé et dépossédé le continent de sa richesse au profit particulièrement de la France et du Royaume-Uni. Cette forte contribution de l'Afrique à travers sa force de travail et ses ressources dans le progrès économique, scientifique et technique de la planète a été mise sous silence, ignorée voire banalisée. Les mécanismes violents de la dynamique de la répartition des richesses et des patrimoines dans le monde ont toujours agi en faveur du plus fort et au détriment du plus faible. L'expropriation par la violence et la force n'a jamais été légitime ni juste. La conscience humaine n'a pu supporter l'injustice de ces horreurs. Des voix comme celle d'Abraham Lincoln se sont élevé pour exiger l'abolition de l'esclavage et d'autres la libération des nations africaines. Ces mécanismes et traitements inhumains qui heurtent la conscience démocratique en violant le droit des peuples à la liberté et au développement se réadaptent dans le contexte nouveau de la mondialisation par le libre-échange régi par le cadre institutionnel international dédié, l'organisation mondiale du commerce (OMC). Il s'agit de déployer l'appareil commercial partout en confinant l'appareil de production qui crée des emplois dans les pays développés. Ce nouveau mécanisme de répartition des richesses a été dopé et accéléré par la détérioration des termes de l'échange qui continue toujours de transférer nos revenus vers les pays du nord.

Aujourd'hui, ce mécanisme de libre échange commercial, qui leur a rendu d'énormes services, est dénoncé et remis en cause par les USA parce qu'il ne les arrange plus. Le mécanisme n'est plus performant ni efficace pour canaliser la richesse du monde vers leurs économies. Le mécanisme de libre-échange international est entrain de redéployer leur appareil de production qu'ils avaient jalousement confiné chez eux, à l'extérieur, au-delà de leur zone et frontière, en Chine notamment. La Chine est devenue l'atelier du monde qui ruine leurs emplois par la délocalisation de leurs entreprises doublée d'une agressivité commerciale féroce qui secoue profondément les bases de leur libéralisme économique. Toute leur richesse est tirée vers la Chine de la même façon que l'Afrique l'a subi pendant des siècles sans crier gare. La présence de la Chine sur tous les fronts (financier, commercial, industriel,…) les empêche de plus en plus de déséquilibrer l'échange en leur faveur. Ils brandissent maintenant l'arme du protectionnisme, en violation flagrante du dogme libéral du libre-échange qu'ils ont tant chéri. Plus encore, la Chine revendique, à la place du panier des cinq devises, les monnaies de référence officiellement reconnues par le FMI et auxquelles le DTS se laisse convertir, une monnaie internationale par rapport à laquelle toutes les monnaies sont d'égale dignité. Ils constatent ainsi que tous leurs avantages liés à l'ordre et aux mécanismes qu'ils ont eux-mêmes établis sont en train d'être chahutés par la Chine, donc de les échapper. Il ne leur reste plus que le dernier mécanisme, le surendettement des pays africains à des taux d'intérêts usuraires pour continuer à pomper nos ressources.

Chapitre 4 :

Le surendettement des états africains

La pandémie du Coronavirus va plonger les états du monde dans un cycle d'endettement infernal. Elle a mis l'économie mondiale sous assistance respiratoire par intubation au moyen de la dette. La crise du COVID-19 coûte aux états des centaines de milliards de dollars de dette à cause du confinement qui provoque une baisse de l'activité économique. Cette crise sanitaire est aussi une crise d'inégalités entre les pays et les peuples. Les états dits développés, possédant les monnaies qui composent le panier des devises de référence ont plus de facilités de faire face aux affres de la dette. La Chine peut payer sa dette ou ses importations par son Renminbi, les USA par leur Dollar, le Japon par son Yen, l'Europe par son Euro et le Royaume-Uni par sa Livre Sterling. Leurs banques centrales respectives vont financer toute leur dette. L'Afrique n'a ni cette possibilité ni cette opportunité car sa dette est libellée en devises étrangères. C'est d'ailleurs, tout le sens de la monnaie commune (pas de monnaie unique, c'est un autre débat) qui servirait de base monétaire à tous nos échanges commerciaux et financiers internationaux. Elle jouerait le rôle de monnaie continentale à côté de nos monnaies nationales comme le dollar américain a joué le rôle de monnaie internationale à côté des monnaies nationales de tous les pays. Tous les états ne sont donc pas égaux par rapport aux effets néfastes de cette dette. Les projections et les perspectives sont plus sombres pour l'Afrique que pour n'importe quelle autre région du monde : des millions de morts naufragés et de victimes de la faim.

Le prix de l'argent est excessivement cher en Afrique comparé à celui de l'argent dans les pays du nord qui sont à des taux d'intérêts négatifs et nuls. Un dollar de dette coûte 4 à 6 fois plus cher en Afrique. Ce faux prix inéquitable de l'argent est justifié par la surévaluation des risques encourus en Afrique dont les Européens ne seraient d'ailleurs pas étrangers. Dans ce contexte, la charge de la dette publique africaine (intérêts de 6%) devient 6 fois plus lourde que la charge de la dette des pays occidentaux. La charge de la dette baisse en Europe alors qu'elle nous étouffe en Afrique.

Il faut remarquer en outre que fixer un taux d'intérêt au même niveau ou plus qu'un taux de croissance est économiquement irrationnel. Il conduit à une charge de la dette insoutenable. La tendance à la baisse des taux de croissance en Europe a entrainé le nivellement vers le bas des taux d'intérêts. Mais l'Afrique ne peut pas en profiter à cause des prétendus risques d'instabilité et de sécurité de ses états.

Enfin, le mécanisme de remboursement de la dette publique est une technique financière qui ne fait qu'augmenter la dette. La dette même effacée en partie se reconstitue rapidement. Les Etats paient les intérêts sur la dette et enroulent le principal dans une nouvelle dette qu'il faut encore continuer à payer. On paye la dette par la dette (soule boukii, souli boukii, en wolof) en s'endettant toujours à nouveau. Le service de la dette grossit, grossit encore, grossit toujours, avec une dette qui lui-même ne peut cesser d'augmenter. On se retrouve donc avec un budget qui risque d'être complètement englouti par le service de la dette, donc qui ne servirait qu'à payer la dette. La dette des états africains augmente continuellement, les services de la dette s'envolent, grignotent progressivement des marges sur le budget chroniquement déficitaire, affectent la dynamique des dépenses sociales pour se traduire en termes d'instabilités sociale, politique et économique. Le mécanisme de règlement de la dette aboutit inéluctablement à un surendettement qui n'est que le résultat d'un gangstérisme financier auquel on a confié notre droit régalien de contrôler la monnaie.

Nous avons accusé la planche à billets de créer de l'inflation, le gangstérisme financier nous apporte non seulement l'inflation, mais aussi la spéculation financière à l'origine des crises telles que celle boursière de 1929 et celle bancaire de 2008 liée aux subprimes. Cette crise de 2008 a couté des milliards de dollars au contribuable européen et américain dont leurs états sont venus en sapeurs-pompiers pour éteindre le feu allumé par cette classe de gangsters financiers inconscients, égoïstes et voraces qui ne se nourrit que de rente financière. Notre système financier peut mobiliser les états pour sauver les intérêts de créanciers privés tapis dans des banques mais reste insensible aux crimes sociaux commis par un surendettement qui ne finit de dévorer toutes les ressources ainsi que la croissance de nos économies africaines. Sous une dette qui explose, les conséquences peuvent aller du chômage à l'aggravation de la pauvreté, en passant par des coupures sur les salaires, des réductions de dépenses publiques sur la santé, l'éducation, les subventions,….

La dette mondiale vaut trois fois le PIB mondial. Elle ne sera jamais payée ! Faut-il donc annuler la dette ? L'annulation de la dette se justifie par le privilège que détiennent les pays développés dont leurs cinq monnaies composent le panier de devises internationales d'user de la planche à billets, par les différents mécanismes injustes et violents de transfert des richesses au cours de l'histoire vers les pays du nord mais également par le service de la dette chargée d'intérêts usuraires qui augmente chaque année et grignote les dépenses sociales en creusant le déficit budgétaire. En plus, le mécanisme de paiement de la dette publique fait que l'on ne peut jamais la payer entièrement.

Par conséquent, on n'est obligé d'effacer la dette qui s'accumule ou une partie à défaut de pouvoir la rembourser. Les bailleurs sont d'ailleurs bien conscients de cette situation qui les pousse à annuler de temps à autre la dette de quelques pays ciblés. L'objectif de l'annulation de la dette est d'apporter à nos états une bouffée d'oxygène qui leur permet de prendre correctement en charge leurs dépenses de santé et d'éducation mais aussi et surtout de relancer leur économie.

L'Afrique est devenue l'Eldorado financier du monde. Nous avons les plus fortes rémunérations du capital financier dans le marché intérieur comme extérieur. Nous avons des prairies favorables à la fructification et au développement du capital financier international. Nous avons de la croissance, nous avons des matières premières, nous développons nos infrastructures, nous sommes bien connectés au reste du monde, nous avons la jeunesse,... Autant nous aiguisons l'appétit des gangsters financiers, autant nous devons transformer ces avantages en atouts pour imposer notre droit à une justice économique et sociale. Le déterminisme politique de la répartition des revenus, des richesses et des patrimoines porté par les mouvements sociaux, syndicaux, politiques et les sociétés civiles a toujours triomphé du déterminisme économique des technocrates. Le combat pour l'annulation de la dette pose la problématique des inégalités sociales et économiques entre les pays et les peuples sous l'angle de la répartition juste et équitable des richesses et des patrimoines de la planète.

Il faut désormais remettre la problématique des mécanismes de la répartition des revenus au centre de l'économie politique pour réactiver le rôle des États dans l'organisation économique et politique des sociétés en faveur d'institutions et de politiques publiques qui nous rapprochent d'une démocratie idéale [5].

Chapitre 5 :

Les limites de l'expertise politique

Il devient de plus en plus évident que le modèle libéral actuel de l'expertise politique et technocratique de notre planète a atteint les limites de son potentiel de développement humain. Ce modèle est source de chômage, de récession économique, d'inégalités et de crises de toutes sortes. Nous sommes bien à la croisée des chemins. L'expertise politique est à court d'imagination et d'invention face aux échecs répétés et aux culs-de-sac d'un tel ordre technologique, commercial et économique inégal.

De toutes les révolutions sociales et politiques (1776, 1789, 1848 et 1917) de l'histoire contemporaine, l'économie a été constamment au service de la politique. L'esprit politique, place l'économie au service de la politique tandis que l'esprit technocrate met la politique au service de l'économie. **Le politique soumet les moyens aux objectifs tandis que le technocrate soumet les objectifs aux moyens.** Le politique fixe les objectifs et crée les moyens, le technocrate cherche les moyens avant de fixer les objectifs, si les moyens ne sont pas là les objectifs doivent attendre. Il incombait aux politiques de fixer les moyens en les soumettant aux objectifs sociaux et économiques des populations et aux experts de les formuler techniquement et de les exécuter. L'expert s'occupe du management opérationnel des projets et des programmes tandis que le politique incarne leur management stratégique et leur orientation sociale et démocratique.

De nos jours, la pratique politique dominée par l'esprit technocratique ordonne le contraire. L'expertocratie qui soumet les objectifs aux moyens a pris le dessus sur l'invention politique qui fonde le mérite du politique face au technocrate. Les peuples sont devenus les otages des modèles et des systèmes des économistes et des technocrates. Le chômage, la pauvreté, le sous-développement, les crises économiques, les crises politiques sont autant de phénomènes qui nous rappellent les insuffisances et les limites de plus en plus évidentes de ces images intellectuelles que nos experts ont de la réalité.

Le FMI et ses experts nous ont servi dans les années 80 des plans d'austérité qui n'ont réussi qu'à nous précipiter dans le marasme économique et social. Notons que tous les États européens et américains se sont développés par la pratique de la planche à billets. Le bannissement de cette pratique de création monétaire longtemps à succès a conduit à des déficits budgétaires qui se traduisent par une réduction drastique des dépenses sociales préconisée par nos « valeureux » technocrates comme unique solution. La création monétaire désormais soumise aux lois et règles du marché comme le travail, les biens et les services va plonger tous nos états dans une anémie provoquée par un endettement excessif. Le modèle actuel de l'État représente les intérêts des peuples mais ne sert que les intérêts des multinationales et des rentiers financiers irresponsables. L'ultralibéralisme vient ainsi de consacrer la défaite de l'État face au capital. **Une démocratie d'experts qui soumet la politique à l'économie vient d'être définitivement installée.** Les technocrates froids n'ayant aucun compte à rendre aux électeurs ont envahi le terrain de la politique. Le politique, lui, élu par le peuple, doit rendre compte au peuple. Il ne peut et ne doit qu'imaginer des stratégies qui lui permettent de concilier les intérêts du peuple et du capital. L'expert n'est intéressé que par l'efficacité du capital qui légitime sa profession et son professionnalisme. La baisse des impôts sur le capital et la réduction des dépenses de l'État constituent ses solutions préférées. L'efficacité du capital est, sous plusieurs angles, en contradiction avec le progrès social attendu par les populations. La légitimité politique s'acquiert par une proximité, une écoute et une réponse satisfaisante aux besoins exprimés par les populations. La légitimité du politique prend sa source dans l'élection et se confirme par une légitimité démocratique qui prend son origine dans la satisfaction des préoccupations des populations. La légitimité professionnelle du technocrate, dépourvue de légitimité politique, qui s'oppose au réalisme politique lui permet de réagir à la demande démocratique.

L'activité politique est au cœur de l'évolution historique du monde. Tous les problèmes des sociétés et de l'humanité sont essentiellement des problèmes politiques. Aucune société humaine et humanisée ne peut exister sans organisation politique. L'acteur politique représente une espèce nécessaire qui mérite respect et considération. La politique est un art et une mystique, une foi. Il nous faut revenir aux fondamentaux de l'engagement, de l'éthique et du leadership politique. Le politique doit se réhabiliter. Il doit se réconcilier avec sa mission et son rôle en prenant la place qui lui convient dans le processus de transformation de la société. Il ne peut le réaliser ni par une rhétorique, ni par un marketing politique basé sur la protestation, la contestation, la dénonciation, le nationalisme ou le patriotisme. Il doit conquérir sa place et sa légitimité par une inventivité qui lui confère une compétence fondée sur un pouvoir incontestable de transformation et de créativité. Le politique apprend plus par l'expérience que par les livres contrairement au technocrate. Le rôle du politique est d'ajuster et de réajuster, d'évaluer et de réévaluer les recettes du technocrate en les orientant dans le sens du progrès social qui demeure l'essence et le devenir de la société et de l'humanité. **Le mérite du politique face à**

l'expert repose sur sa puissance d'inventer l'avenir. Le modèle du projet « **un citoyen, un revenu** » est une innovation politique démocratique majeure qu'aucun technocrate ne peut et ne veut imaginer. Seul le politique est habilité. Il doit donc porter ses galons et étriper son cheval pour redorer son blason terni. Le Sénégal en particulier, l'Afrique en général, ne s'en sortira qu'avec le génie politique de ses fils !

Le 21e siècle ferme un cycle de civilisation et en ouvre un autre. Il nous faut inventer notre avenir. Ayons confiance à la force de notre idée. L'histoire est la manifestation de l'idée, l'histoire est une idée, disait Hegel.

DEUXIÈME PARTIE

LES PEUPLES OTAGES DES MODÈLES ET SYSTÈMES

Les scientifiques procèdent dans leur processus d'appropriation, de maîtrise et de transformation de la réalité par des modélisations. Les modèles issus de ces procédés intellectuels affichent des taux de réalité ou d'applicabilité qui caractérisent leur pertinence et leur efficacité. La relation du modèle à la réalité renvoie aux performances interprétatives et productives du réel. C'est ainsi que notre vie économique et politique sont régentées par un modèle macroéconomique et un modèle politico-démocratique. Ces deux modèles montrent aujourd'hui leurs limites du point de vue de leurs impacts positifs sur les conditions de vie des peuples et partant se révèlent comme vieux, dépassés et inadaptés. Le chômage, la pauvreté, les inégalités sociales, le sous-développement, les crises économiques et politiques sont autant de phénomènes qui nous rappellent les insuffisances de plus en plus évidentes de ces images intellectuelles que nous avons de la réalité (socioéconomique).

Le modèle politico-démocratique basé sur un système électoral dominé par le jeu des partis politiques rencontre, dans le contexte africain où le processus de « citoyennisation » est inachevé, de sérieuses entraves pour la marche vers le développement à la lumière des guerres civiles et des conflits politiques intervenus dans le management démocratique des sociétés africaines. La classe politique qui s'agite sur fond de démocratie clientéliste et « instrumentaliste » n'est préoccupée que par ses appétits et ses instincts. Les religions, les ethnies, la parenté, la pauvreté sont souvent instrumentalisées. Quelle valeur démocratique élective accorder à un vote dicté par une voix religieuse, ethnique ou affective silencieuse ? Quelle valeur démocratique élective recouvre la carte achetée à un électeur en proie aux affres de la pauvreté ? La classe politique a installé en Afrique une culture politique caractérisée par la corruption, la rhétorique vicieuse, vaniteuse et vide. Doit-on parler de démocratie ou de populisme démocratique ? La démocratie suppose des êtres rationnels, instruits, libres et responsables mais non des êtres émotionnels subjugués par des contingences de tous ordres. Seule l'émergence d'un électeur et d'un élu, informé, libre et responsable pourrait garantir une expression démocratique crédible. Une opposition protestataire et contestataire pauvre en idées, en propositions et en innovation face à un pouvoir impuissant et dépendant d'organisations internationales (FMI, BM), de technocrates et d'experts se disputent le pouvoir. L'expert (ou l'économiste) qui soumet les objectifs aux moyens a triomphé du politique qui devrait soumettre les moyens aux objectifs. L'expertocratisme a pris le dessus sur l'invention politique qui fonde le mérite du politique face au technocrate. D'où l'impertinence des programmes et des projets de société proposés par les technocrates au nom du politique. En réalité, la finalité économique dépasse la finalité sociale et démocratique en la contraignant à servir ses intérêts et ses objectifs.

Le modèle macroéconomique fondé sur un modèle de distribution et de redistribution budgétaire doublé d'un système bancaire et monétaire n'a pas plus de succès. Dans les pays africains où les priorités se confondent à cause de la multitude des urgences, se soucier d'équilibres budgétaires orientés plus vers la maitrise des dépenses sociales signifie simplement ignorer les préoccupations des masses soumises au harcèlement de la pauvreté. Le système bancaire et financier, dont les modalités de contrôle et de gestion de la monnaie ruinent absolument nos économies et nos vies, est l'expression de la plus grande défaite de l'État face au capital.

Ces deux vieux modèles ont pris les peuples en otage. Nos sentiments, nos amours, nos libertés, nos pensées, nos actions et comportements obéissent aux lois de cet ordre politico-économique dominé par ces deux modèles que nous traînons comme des carcans. Nous développons une dépendance intellectuelle par rapport à ces modèles tel un infirme qui souffre d'une incapacité qui lui ôte toute aptitude, toute envie et toute volonté de s'en débarrasser.

Le 21e siècle est un siècle de ruptures qui délimitent de nouvelles frontières mentales, culturelles, politiques et économiques. C'est le cas de la finance islamique qui exclut l'usure financière liée aux intérêts bancaires. Elle offre un nouveau dynamisme financier et économique remettant en cause les anciennes habitudes intellectuelles du vieux mode de pensée économique. Un revenu de base octroyé à tous les citoyens se dessine comme une nouvelle approche stratégique du développement, de la lutte contre la pauvreté, de la bonne gouvernance et de la protection sociale. Il pourra constituer un levier important de la croissance économique et un outil pour la modernisation sociale, politique et culturelle de la société. Voilà deux concepts dynamiques susceptibles de répondre aux exigences des mutations socioéconomiques profondes liées aux processus de la globalisation à l'œuvre sous nos yeux. **Ils représentent des défis intellectuels qui à terme renouvellent les modes de pensées économiques et politiques classiques qui ont déjà fait leur temps.**

Chapitre 1 :

Le modèle politique et démocratique

La nouvelle demande démocratique

L'histoire des régimes politiques se confond à l'histoire des batailles et des acquis démocratiques. Toutes les révolutions religieuses, sociales, économiques aussi bien que politiques portent les stigmates de la demande démocratique qui s'est exprimée à ses débuts par la demande d'égalité entre les hommes. Les visages de toutes les formations socio-économiques du passé, du présent et certainement du futur sont marqués par les révolutions démocratiques successives. La demande démocratique alimente le moteur de la modernisation des systèmes socio-politiques et socio-économiques à travers des mutations et des métamorphoses profondes.

La diversité sociale, base de nos sociétés de plus en plus hétérogènes, continue de se manifester et de se renouveler au fil du temps. La pluralité des identités sociales est l'expression des progrès scientifiques, techniques, économiques et culturels qui n'ont cessé d'affecter et d'impacter nos systèmes démocratiques. Les contradictions nées des rapports sociaux entre maître et esclave, noble et serf, noir et blanc et enfin bourgeois et prolétaire sont stigmatisées par les revendications d'égalité tout au long de l'histoire. La révolution du droit à l'égalité a commencé par la croisade contre les privilèges attribués par le statut social, le rang social, la race, la naissance ou le sang pour culminer de nos jours en un combat contre les inégalités sociales et économiques. Les opprimés demandent aux oppresseurs la reconnaissance du droit d'être leur égal mais également d'être libres et indépendants. La demande d'égalité exprime désormais notre profonde aspiration à être des semblables mais aussi et surtout à être des citoyens qui jouissent du droit de s'exprimer et de participer. L'esprit démocratique acquis par la révolution du droit à l'égalité va se traduire ultérieurement par la tendance à lutter contre les inégalités sociales et économiques [6]. Il fait naitre une conscience et une sensibilité orientées vers la demande sociale pour de meilleures conditions d'existence. Le droit de se nourrir, de se loger, de se vêtir, de se soigner, de s'instruire dans la dignité et la décence fondent la nouvelle demande démocratique. Elle s'exprime à la fois sous la forme d'une double revendication de la reconnaissance du droit d'égalité et d'une distribution équitable des opportunités, des possibilités et des revenus. L'égalité comme rapport social évolue par conséquent en une égalité comme répartition équitable des revenus.

Le mode électoral de représentation

Le modèle politique et démocratique repose sur un système électoral et un État de droit. La démocratie a épousé, dans son évolution, une forme d'État représentée par un gouvernement caractérisé par un régime et des activités civiques. L'administration a incarné l'intérêt général qui s'identifie au service public et à la rationalité de l'État. Cependant, sa légitimité morale et professionnelle se heurte à la légitimité électorale et démocratique du politique. La démocratie électorale a pris des galons vis-à-vis de l'administration. Le poids du politique remet en cause le poids de l'administration par la décentralisation qui est une demande de proximité et de participation des populations. Le pouvoir des fonctionnaires est sérieusement délesté par le poids des politiques. L'État jacobin fort, symbole du pouvoir administratif centralisé, entame sa décadence et sa déchéance.

L'élection est une procédure dont la mission est de remplir le rôle de mode de représentation du peuple. Mais cette mission a montré ses limites en raison d'une crise de représentation qui se retrouve dans les règles de l'élection. La modalité électorale fondée sur une vision arithmétique de la démocratie (un homme, une voix, une majorité) s'est révélée comme une simple procédure technique légale pour désigner un président de la République et l'autoriser à gouverner avec l'équipe qu'il a choisie. La majorité électorale ne donne pas nécessairement la légitimité démocratique en dépit de sa confusion avec la légitimité électorale qu'entretiennent certains politiciens et qui a fini d'ôter à la démocratie sa substance. La légitimité électorale, mode de représentation du peuple, ne repose que sur la fiction de la volonté populaire par la majorité électorale (58% des suffrages exprimés deviennent 58% du peuple) et sur la fiction de la durée du mandat par le moment électoral (le jour du scrutin représente 5 ans de gouvernance). L'acte de voter ne sanctionne qu'une simple volonté déclarée du candidat de répondre aux aspirations des populations ultérieurement. La légitimité électorale ne s'avère donc pas comme un étalon de légitimité démocratique. La légitimité démocratique, qui s'acquiert toutefois par l'élection, s'opère à l'intérieur d'un processus où deux tendances contradictoires et antagonistes se mettent en jeu. Les luttes sociales et politiques fondées sur la légitimité institutionnelle des conflits, portée par les partis, les syndicats, la société civile, s'opposent à l'aspiration à la réalisation du consensus souhaité par le gouvernement élu. Le mandat électoral devient à la fois un mandat de confiance et de défiance [6]. La légitimité électorale issue de l'élection délivre un mandat qui autorise à diriger tandis que la légitimité démocratique ne s'apprécie pas par rapport à son origine électorale mais plutôt par rapport aux actions gouvernementales dont les effets sont destinés à réduire les inégalités sociales et économiques et à renforcer les conditions démocratiques. Elle doit ainsi s'exprimer par une impartialité gouvernementale manifestée par une position équidistante par rapport aux divers groupes concurrents mais également par la participation de tous les citoyens à la gestion des affaires publiques. **Le besoin de consensus allié à la nécessité de l'arbitrage des conflits et de la prise de décision dévoilent la nature contradictoire de la démocratie.** Le degré d'incarnation de la légitimité démocratique par l'institution présidentielle se mesure par la capacité à résoudre cette contradiction dans le cadre d'un art de gouverner qui favorise le consensus et le compromis. Cet art de gouverner s'exprime à travers la satisfaction des besoins des populations et le compromis à la défiance institutionnelle qui se manifeste par un pluralisme social et politique porté par les partis politiques, les syndicats, la société civile,….. **La légitimité démocratique dépasse la simple volonté déclarée par les candidats de répondre aux aspirations des masses à un moment électoral donné.** On ne juge pas la légitimité démocratique par rapport à son origine électorale. Elle s'assimile plutôt à des actions concrètes du gouvernement élu dont les effets tendent à réduire les inégalités sociales et économiques entre des citoyens qui jouissent entièrement de tous leurs droits. La demande démocratique basée sur l'égalité de droits imaginaires se transforme en celle plus pertinente et plus concrète fondée sur l'égalité des conditions socioéconomiques. La nouvelle mission de la démocratie est d'atténuer les conséquences des contradictions engendrées par la division de la société en privilégiés et en exclus.

Toutefois, nous vivons un déclin politique et démocratique qui se manifeste dorénavant par la peur, l'anxiété et le désespoir que le libéralisme en vigueur ne cesse de nous inspirer. La pauvreté, la crise de représentation fondée sur l'élection, la dilution de la souveraineté dans les grands ensembles et dans les accords internationaux constituent autant de symptômes éloquents qui révèlent ce déclin qui s'installe et gagne de l'ampleur. La défiance populaire ne cesse de monter et de s'inviter dans la gestion démocratique. Le peuple électeur inquiet, source du pouvoir, s'insurge. Il réclame son droit de surveiller, de juger et de sanctionner.

Du consensus social

L'État a été considéré pendant longtemps comme le résultat d'un consensus et d'un contrat social entre les membres de la société. Cependant, les interactions mises en jeu dans nos sociétés modernes déterminent des dynamiques sociales et économiques toujours en évolution et en contradiction. Une nouvelle perception des relations entre les membres de la société d'une part et entre les citoyens et l'État d'autre part est par conséquent nécessaire. Les notions de liberté, d'indépendance, de responsabilité, d'égalité, de pauvreté et de solidarité se trouvent renouvelées. Ainsi, **la pauvreté**, au lieu de relever d'une responsabilité individuelle, devient un risque social provoqué par les contradictions qui structurent le système socioéconomique de production et de distribution. Elle n'est plus la conséquence de la paresse de l'individu, comme le pensaient nos ancêtres, mais le résultat de l'environnement matériel et socioéconomique qui le confronte à des situations qui ruinent ses possibilités à émerger. Les effets des inégalités engendrées par la distribution de la santé, de l'éducation, de la propriété foncière, de l'énergie, de la sécurité, de la justice, des infrastructures, du pouvoir d'achat, de l'emploi, des opportunités et des possibilités, déterminent notre capacité à accéder aux moyens d'agir ou de réagir. **De**

même la notion d'égalité se réévalue et s'ajuste désormais à la redistribution des revenus, des capacités, des opportunités et des possibilités. La revendication d'une société fondée sur l'égalité des conditions de vie socioéconomiques succède à la revendication désormais acquise de la société des semblables. L'égalité comme répartition équitable des revenus se substitue à l'égalité comme rapport social [6]. C'est l'esprit de cette égalité innovante qui souffle dans l'âme de l'État providence. La lutte pour de meilleures conditions de vie devient le fondement du nouveau contrat social en lieu et place de la reconnaissance de droits imaginaires pour un statut de semblable.

Tout citoyen épris de démocratie a le devoir de combattre un système politique et économique inégalitaire qui produit des pauvres, des affamés, des ignorants, des malades en vue de le remplacer par un régime au service des intérêts de la société sur la base d'un nouveau consensus social plus équitable. Puisqu'à l'impossible nul n'est tenu, il faudra, tout au moins, le remettre en cause dans la mesure du possible.

Chapitre 2 :

Le modèle économique et social

Le modèle économique et social repose sur un système politique et démocratique associé à une technique de production et de distribution de biens et services. La production requiert un investissement sous forme de dette et la distribution exige un pouvoir d'achat sous forme de salaires, de dividendes et de profits. Les marchandises et le pouvoir d'achat qui les distribue proviennent du système de production. Le pouvoir d'achat de la nation est l'ensemble des revenus répartis dans le système économique et social par la production. C'est la seule richesse dont disposent les citoyens pour acheter les biens et les services produits par leur propre travail. Le pouvoir d'achat dépend exclusivement de la production. Il diminue si les affaires marchent au ralenti et augmente en période d'embellie [7]

Le capitalisme, une technique nouvelle de production et de distribution

Au commencement était « le plein emploi ». Il n'y avait ni salaire, ni chômage. Toute la société était engagée dans la production pour se nourrir. Il n'y avait ni monnaie, ni chèque. Tous les produits du travail étaient directement échangés les uns contre les autres. Du travail était échangé contre du travail. Les sociétés étaient organisées en villages où leur équilibre et leur cohésion étaient préservés et garantis. L'accumulation de richesses était impossible au sein de cet ordre socioéconomique et culturel.

Plus tard, des ruptures alimentées par l'égoïsme, le désir et le goût du pouvoir surgissent dans le système en favorisant l'accaparement des terres et des moyens de production. L'invention du moteur et la découverte de l'électricité, accompagnées de la transition démographique et celle des énergies renouvelables aux énergies fossiles, ont présidé au déclin de cet Eldorado marqué malgré tout par la misère, l'ignorance et les épidémies. L'avènement de l'industrie et de la monnaie ont provoqué l'émergence du marché du travail. Il faut désormais vendre sa force au marché du travail pour acheter sa nourriture au marché des services et des biens de consommation. Le marché du travail, régulé par la loi de l'offre et de la demande, entraine l'apparition du salaire et du chômage ainsi que leur pendant le profit. Une demande qui dépasse l'offre (d'emplois) crée du chômage tandis qu'une offre qui dépasse la demande absorbe le chômage.

Un nouvel ordre économique et socioculturel est né : le capitalisme libéral. Il a fait reculer la pauvreté, les épidémies et l'ignorance, a installé la démocratie mais a secrété également les inégalités sociales et économiques, véritables facteurs de déséquilibre et de déstabilisation des sociétés. Le dynamisme et le développement de ce modèle socioéconomique ont été payés par l'exacerbation de toutes les inégalités dans la distribution de l'éducation, de la santé, des infrastructures, des conditions de vie et de travail, de la justice et de la sécurité, de l'emploi et du pouvoir d'achat, bref, une réduction des opportunités et des possibilités. Par ailleurs, les tenants de la Finance et des Multinationales ont mis en place un ordre institutionnel et commercial international qui protège et entretient leurs intérêts en privant les peuples et les nations de leur souveraineté. Toutes les souverainetés nationales sont diluées dans des organismes et des accords internationaux. Ainsi, l'ONU, l'OMC, le FMI, la Banque Mondiale, les unions monétaires, les unions politiques, les unions commerciales, les Accords de Partenariats de toutes sortes, se couvrent du manteau d'une légalité et d'une légitimité communautaire et technocratique pour servir les intérêts de la Finance et des Multinationales. Ce modèle de développement, basé sur la croissance à tout prix et la course effrénée aux profits, menace notre existence individuelle voire collective en dépit de ces avantages certains. Devant cette évidence, l'homme prend conscience désormais que son action et sa pratique affectent son environnement économique, naturel, social et humain. Il use de réformes, d'innovations et de subterfuges pour amortir le choc mais en vain. S'impose alors à lui le paradigme du développement durable dont l'avènement lui permet de prendre en compte et en charge l'avenir des générations futures. Il invente l'indice de développement humain (IDH) pour replacer l'homme, l'individu au centre du développement. Il crée des subventions, des allocations sociales et familiales, des indemnités de chômage, le salaire minimum garanti, le crédit de consommation,... pour atténuer la baisse inévitable du pouvoir d'achat des masses. En dépit de tout cela, cet ordre continue de secréter les crises, la pauvreté, le sous-développement, les inégalités, la financiarisation de l'économie et son corollaire l'endettement des États, des entreprises et des ménages et, enfin, un ordre technologique et commercial qui favorise la détérioration des termes de l'échange.

Le modèle capitaliste libéral s'est révélé toutefois comme une technique économique de production efficace. Il s'est avéré en revanche comme une piètre technique économique de distribution. Il ignore l'équité et ne permet pas à l'écrasante majorité des consommateurs d'accéder à ses produits et services abondants. Les supermarchés sont remplis de produits alimentaires mais les ventres sont creux et grondent de faim. Les mendiants dépourvus de revenus envahissent les rues en tendant pitoyablement la main pour quémander une pitance. Les magasins sont remplis d'une diversité de boissons mais les masses ont soif et ne trouvent pas de l'eau potable pour se désaltérer. Les vitrines nous assaillent par l'éclat des habits et des chaussures qu'elles nous présentent, en même temps les enfants qui les dégustent de l'extérieur se promènent pieds nus et vêtus de guenilles. Les pharmacies sont bondées de médicaments tandis que les hommes trépassent par défaut de soins thérapeutiques. Nos plateaux techniques hospitaliers sont démunis alors que nos écoles défient toutes les normes pédagogiques de capacité d'accueil. Les cultivateurs usent leur corps par le travail manuel alors que les machines agricoles sont exposées dans les foires. À côté d'appartements vides faute de locataires solvables dorment des sans domiciles. On peut trouver tous les produits et les services en surabondance mais on ne peut pas se les offrir. Pour les acquérir, il faut détenir un revenu de travail ou d'emploi ou d'action. Il faut avoir une activité lucrative soi-même ou vendre sa force de travail contre un salaire ou investir dans des actions contre des dividendes. Les chanceux qui disposent de revenus deviennent de plus en plus minoritaires. Leur pouvoir d'achat se réduit d'année en année comme une peau de chagrin. L'inflation est passée par là. L'entreprise a besoin de moins en moins de main-d'œuvre, de force de travail. L'automatisation est pointée du doigt. L'emploi devient rare, les revenus de l'auto-emploi tarissent, l'endettement des consommateurs et des États, ajouté à l'inflation, ne cesse de détruire leur pouvoir d'achat. La richesse des employeurs (des industriels, entrepreneurs, courtiers,…) et surtout des financiers croit par contre chaque année comme en témoigne le classement annuel du journal Forbes. Plus ahurissant, la famille Walton, propriétaire des supermarchés Walmart, gagne 4 millions de dollars par heure là où un travailleur en gagne 11 dollars, si l'on en croit le media Bloomberg. Nous sommes obligés de nous endetter encore et encore pour combler la tendance à la baisse de notre pouvoir d'achat. L'État retire du circuit économique de l'argent à travers les impôts et les taxes et crée de l'inflation pour payer sa dette qui se transforme en dépôts dans des « comptes cloud » non-localisables. Cet argent en dépôt existe le plus souvent sous forme d'épargne, qui comme la thésaurisation, le retire de la consommation. Nos services de la dette explosent chaque année, grignotent notre pouvoir d'achat et réduisent les dépenses sociales de l'État nécessaires à notre bien-être. Le capitalisme réussit ainsi à produire jusqu'à la surabondance et à l'excès mais peine à mettre à la disposition des clients ses produits et services. Il est incapable de trouver une technique censée générer un pouvoir d'achat qui permet d'écouler sa production. Les méventes et les déchets constituent un défi écologique économiquement irrationnel dont on pourrait se passer. C'est de l'énergie consommée et de l'argent inutilement investi. C'est de la pollution et du gaspillage.

De nos jours, le modèle capitaliste, basé sur l'idéologie et la démocratie libérale, s'est avéré incapable de créer le plein emploi et d'ajuster le pouvoir d'achat global à sa production. Notre pouvoir d'achat a baissé malgré l'augmentation de la capacité productive et innovatrice du système. Il a déçu les peuples qui se révoltent, s'indignent et se dressent à chaque joute électorale contre le système par le vote sanction, l'abstention ou l'indifférence. **Il est urgent de relever le défi de la distribution capitaliste!** Il nous faut inventer un modèle économique, social, démocratique et culturel qui nous permet de s'épanouir, de vivre heureux dans l'amour, la paix, la sécurité et le bien-être écologique.

Prix et Pouvoir d'achat

Tous les coûts de production et de distribution (les intérêts de la dette y compris), les bénéfices, les impôts et les taxes entrent dans le prix de détail au consommateur final. La somme des prix doit représenter la valeur de vente de la production sinon l'entreprise ne pourrait pas tenir. Le prix de détail se présente à l'acheteur chargé des dépenses de production et de distribution dont une partie seulement est constituée par les salaires, les dividendes, les bénéfices et les intérêts sur la dette. Toute la masse monétaire en circulation, qui équivaut exactement au pouvoir d'achat réel dont dispose la société, est injectée dans la production. Elle représente le principal de la dette qui correspond à notre besoin réel d'investissement, tandis que l'intérêt correspond à une taxe sur la production. La monétisation de la production correspond quant à elle à la valeur commerciale de la production. C'est le prix de la production constitué par tous les coûts de production ajoutés du coût des intérêts. Mais l'argent investi ne contient pas les intérêts de la dette. Les intérêts représentent de l'argent qui n'est pas réel. Donc le prix de notre production, chargé des intérêts de la dette, dépasse la quantité d'argent matériellement disponible, notre pouvoir d'achat réel. Ainsi toute nouvelle dette contractée au système bancaire pour produire de la richesse agrandit le fossé entre le pouvoir d'achat et les prix. Les dettes ne cessent de croître, le pouvoir d'achat diminue et le commerce se paralyse. La cause de cette paralysie est le retard chronique du pouvoir d'achat sur les prix mais aussi et surtout l'inégalité dans la répartition des revenus reçus par les consommateurs. La monnaie en placement qui ne peut servir à la consommation et la thésaurisation qui retire une partie de la monnaie en circulation constituent aussi des causes de l'effritement de notre pouvoir d'achat. L'argent réel détenu par les consommateurs ne suffit pas à couvrir les prix issus de la production. **Les prix de nos biens et services ne seront jamais couverts par nos revenus puisqu'ils sont chargés d'intérêts bancaires, de l'argent qui n'existe**. Notre système de production et de distribution est marqué de manière chronique par une disparité entre le pouvoir d'achat et les prix [7]. Cette situation continuera de s'empirer dans le temps avec la masse croissante de dette requise pour l'investissement. **On voit bien que toute la production ne pourra jamais être achetée par le pouvoir d'achat effectivement distribué.** Les marchés intérieurs se compriment en conséquence. Il est dès lors absurde de s'efforcer à ajuster la production au niveau d'un pouvoir d'achat qui ne cesse de dégringoler. **Il ne reste qu'à faire recours à l'exportation dans les marchés extérieurs pour minimiser les effets de la perte du pouvoir d'achat domestique.**

La dure réalité de nos conditions de vie témoigne de l'insuffisance des revenus engendrés par le système de production vis-à-vis des prix. Faut-il brûler les banques ou faut-il supprimer les intérêts qui n'arrêtent pas de rogner notre pouvoir d'achat ou faut-il accuser et remettre en cause le modèle vicieux et inadapté de notre pouvoir d'achat pour résoudre cette contradiction fondamentale de notre système économique?

Nous sommes les esclaves d'un modèle insensé

La vie est chère, hurlent les consommateurs. Ils ont des besoins et des désirs qui restent insatisfaits. Confrontés ainsi aux défis de l'existence, ils se réveillent, s'éveillent et s'insurgent. Ils jettent dorénavant leur dévolu sur la répartition des revenus. Ils savent que la qualité et la quantité du pouvoir d'achat est un facteur incontournable de réduction de la pauvreté voire des inégalités. Ils n'attendent par conséquent qu'un pouvoir d'achat suffisant pour s'acheter vêtements, nourriture, médicaments, articles de beauté au grand bonheur des commerçants et des industriels. Nous ne sommes pas appauvris par une catastrophe naturelle, braillent-ils. Notre pouvoir d'achat est détruit par notre modèle économique basé sur un modèle budgétaire, bancaire et monétaire inadapté. Nous ne sommes que l'esclave de ce modèle insensé.

Nous avons choisi de vivre dans un modèle de salaire contre (une) performance. Notre pouvoir d'achat, le salaire, n'arrive pas à satisfaire nos désirs et nos besoins. Le dynamisme de notre économie est paralysé par la sous-consommation. L'efficacité des stratégies et des méthodes pour distribuer les biens et services du système économique est en retard sur celle des stratégies techniques et financières pour les produire. La production est techniquement et financièrement en avance sur la consommation. Les moments heureux ne surviennent que lorsque la production était en retard sur la consommation, c'est le cas de la nostalgique époque des trente glorieuses. Mais les progrès techniques et organisationnels apportés dans le processus de production ont depuis longtemps rangé ces joyeuses périodes aux oubliettes. Nous nous sommes installés définitivement dans une économie d'abondance où le faible pouvoir de consommation tend à freiner la production.

La rareté des produits a cédé la place à leur abondance tandis que la rareté de l'argent a survécu. Elle continue d'être entretenue comme un dogme sacré, intangible par nos experts financiers illuminés. Il en résulte un déséquilibre de la surproduction vis-à-vis du pouvoir d'achat, de la demande. Nous sommes maintenant préoccupés par cette insuffisance du pouvoir d'achat qui prend son origine dans le modèle politique et démocratique en vigueur (modèle budgétaire, bancaire et monétaire). Le modèle monétaire et bancaire prévu pour faire circuler les marchandises interdit un pouvoir d'achat qui n'est pas un revenu tiré de la production. Le modèle budgétaire, associé au système financier et monétaire privatisé, empêche les populations d'accéder à un supplément de pouvoir d'achat. Ces modèles basés sur les dettes, les impôts et les taxes, portent des tares congénitales qui engendrent des maux tels que la misère, les inégalités et la récession.

Tous les produits et les services ne peuvent par conséquent jamais atteindre les consommateurs. Ceux-là ont du mal à se nourrir, se vêtir, se loger, se soigner et s'instruire car ils n'ont pas d'argent pour se procurer ce que le producteur n'a d'envie que de leur vendre. Une écrasante partie des populations est ainsi frappée d'un pouvoir d'achat faible ou nul qui les rend inaccessibles aux biens et services vitaux. La limitation, sciemment recherchée de la production et de la distribution, laisse inexploitée une bonne partie de notre capacité de production qui demeure peu optimisée. La conséquence est le chômage virtuel de milliers de gaillards valides et avides de travailler. Cela contraste tragiquement avec la réalité de l'ampleur des besoins sociaux insatisfaits. La manifestation scandaleuse de notre pauvreté, au même titre que l'immigration clandestine et suicidaire, est doublée d'une ironie de notre intelligence. N'est-ce pas là la preuve d'une véritable injustice sociale !

Les peuples s'indignent de cette injustice sociale qu'ils jugent absurde et qu'ils dénoncent à chaque occasion électorale par des votes sanctions. Mais, en désespoir de cause, ils n'obtiennent, au bout du compte que des réformes inefficaces et illégitimes. Illégitimes, parce qu'elles contribuent à maintenir un ordre qui bafoue les droits élémentaires des citoyens et inefficaces parce qu'elles ne sont pas des solutions appropriées pour guérir les maux socioéconomiques dont souffrent les peuples. À titre d'illustration, la majorité des citoyens des PED ne reçoit ni de salaire ni ne gagne assez de revenus pour vivre dans une sécurité économique permanente. Ils sombrent dans la précarité voire le précariat. Il ne suffit pas de dénoncer et de condamner cette situation, il faut la combattre par des changements radicaux et révolutionnaires en lieu et place de réformes impuissantes. Il s'agit hic et nunc de mettre en place un ordre social et économique qui fabrique des biens et des services dont les plus vitaux sont disponibles et accessibles à tous les citoyens sans condition de revenu d'emploi ou d'auto-emploi. Nous devons inventer un modèle propice de distribution de nos produits et services.

Mission de toute organisation économique et sociale

Quel doivent être l'objectif, le rôle et la mission de toute organisation économique et sociale ? Doit-elle offrir des emplois ou plutôt produire des biens et des services pour satisfaire les besoins et les désirs des individus au sein de la société ? Le but ultime et légitime de tout système économique et politique est de pourvoir aux besoins des consommateurs par la production et la distribution des biens et des services nécessaires, disponibles et accessibles. Les progrès techniques et scientifiques ont permis d'améliorer les méthodes agricoles et industrielles qui ont considérablement relevé le rendement du travail en libérant l'homme des peines laborieuses. Mais si techniquement et financièrement la capacité et l'efficacité de la production ont permis au système économique d'assumer sa mission de fournir aux consommateurs des produits et des services, il n'en est pas de même pour la distribution. Le pouvoir d'achat, qui permet aux citoyens d'accéder aux biens et services abondamment disponibles, reste toujours déficient. La société peut produire sans limite mais le pouvoir d'achat réduit du consommateur l'empêchera mécaniquement d'épuiser le stock sur le marché. Il est impossible au système économique de distribuer l'abondante richesse qu'il est capable de produire à cause d'un pouvoir d'achat limité et insuffisant [7].

La capacité actuelle de production de l'humanité est inépuisable. Les conditions de production et de distribution des biens et services créées par le progrès technique et la machine permettent à une partie des actifs de couvrir largement les besoins en nourriture de l'ensemble de la population mondiale. Il n'est même pas nécessaire que toute la société soit mobilisée pour être employée dans la production comme des salariés. Mais le peuple croit encore que, pour accéder aux biens et services utiles à l'homme, il faut nécessairement fournir un travail salarié. Peut prétendre à un moyen de vivre, celui qui a un emploi rémunéré ou un revenu privé. Nous avons malheureusement choisi de vivre dans un modèle de revenu contre (une) performance. Il est temps de changer cette mentalité. L'introduction des progrès techniques diminue le pouvoir d'achat de la société en excluant de la production des millions d'individus qui perdent leurs revenus. Ceux que la machine a remplacés, les chômeurs et les sans travail végètent grâce à de maigres programmes sociaux et de charité dont les effets de leur financement par les taxes escamotent gravement le pouvoir d'achat des salariés. Nous ne devons pas payer le prix du progrès technique par des larmes et de la souffrance.

La société, l'entreprise, l'industrie, l'économie, de manière générale, souffrent d'une sous-consommation liée à une insuffisance de pouvoir d'achat. Il est urgent de combler cette lacune pour que notre système économique retrouve son dynamisme et sa fonction naturelle. Le mal dont nous souffrons se trouve dans la distribution. Mais sans faillir en soi, elle ne remplit pas cependant son rôle et sa mission contrairement à la production. La distribution ne se fait actuellement que par l'intermédiaire de la monnaie. Les causes de la récession, de la pauvreté, des privations, des grèves, des banqueroutes prennent leurs sources dans l'écart entre le pouvoir d'achat et les prix. Il doit donc être clair que c'est le système bancaire et monétaire qui a failli puisqu'il remplit mal sa mission. Il est incapable de contribuer, de façon optimale, à la distribution des biens de la production et doit être au banc des accusés afin d'être revu. Il nous faut, par conséquent, inventer un système de distribution alternatif fondé sur un modèle social, bancaire et monétaire au service d'un modèle de pouvoir d'achat adéquat et adapté. L'avènement d'un Revenu de Base Généralisé (RBG), comme alternative, serait, dans cette perspective, d'une opportunité indéniable.

Chapitre 3 :

Le modèle bancaire et monétaire

Le modèle bancaire et monétaire repose sur deux piliers fondamentaux : la monnaie et la dette. La dette créée par la banque sert à financer l'investissement pour produire des biens et services tandis que la monnaie est un outil, un instrument d'échange qui sert à distribuer cette production pour la rendre disponible et accessible aux consommateurs.

La monnaie

Si le troc pouvait être suffisant pour échanger un bien concret contre un autre dans nos anciennes économies de subsistance, il est cependant inadapté et impertinent dans nos économies modernes où les services (entre autres) prennent une proportion importante. La capacité du peuple de produire et de satisfaire ses besoins variés se développe de plus en plus grâce à l'immédiateté impliquée par les processus de communication et de télécommunication mais aussi et surtout grâce aux instruments permettant de soutenir les échanges. Le dynamisme de l'échange exige des moyens appropriés pour fluidifier rapidement mais efficacement le commerce. La monnaie, déclinée sous ses multiples formes, devient le moyen d'échange moderne le plus utilisé et le plus adéquat. La mission naturelle de la monnaie est de distribuer les biens et les services dans la société. **Elle n'est pas de créer des profits qui enrichissent des banquiers contrairement à la pratique courante.** La monnaie est au commerce ce que le sang est au corps. Un corps où ne circule pas le sang meurt, un commerce où ne circule pas la monnaie périclite. Autant les battements du cœur mesurent la vitesse d'irrigation du corps par le sang, autant le rythme de circulation de la monnaie mesure la rapidité des échanges. Le sang part du cœur et revient au cœur. La monnaie part de la banque et revient dans la banque [7]. Le temps de circulation et le volume du flux de la monnaie dans le corps économique mesurent le dynamisme des affaires.

Soulignons que l'argent n'a aucune valeur en soi. La valeur de la monnaie est déterminée par la valeur de la production du pays et la confiance que les acteurs commerciaux placent en elle. Donc l'argent ne vaut rien quand rien n'est produit, quand il n'y a rien à acheter. La confiance en la monnaie ne manifeste que la confiance placée en la capacité du pays de satisfaire la demande de production diversifiée de biens et de services de qualité. Plus la demande est forte, plus la valeur de la monnaie augmente.

Notons qu'il est illégitime que les consommateurs qui produisent et achètent les biens et les services soient les esclaves des maitres financiers qui ne sont que des parasites? Les banquiers ne disposent des avantages de la dette que par usurpation de pouvoir. Il y a manifestement une inversion de statut et de rôle. Les véritables objectifs de la monnaie sont détournés en objectifs vicieux qui alimentent la spéculation financière à l'origine de crises sociales et économiques dramatiques. Le rôle de l'argent est de faire circuler les biens et les services et non d'engrosser une classe de vautours rapaces par des intérêts indus. Les banques ont détourné les objectifs de notre développement en objectifs d'épanouissement d'élites riches, égoïstes, insoucieuses du bien-être des autres. Nos nouveaux maitres sont nos banquiers qui ont détourné la fonction de la monnaie pour mieux nous dominer et nous asservir. Nous devons travailler pour eux, pour leurs enfants. Nous produisons de la richesse dont ils disposent sans verser une goutte de sueur.

La technique financière actuelle basée sur la dette chargée d'intérêts a conduit le système monétaire et bancaire à la faillite dans sa fonction d'assurer la distribution des biens et services.

La banque

Toute la monnaie en circulation provient de la banque. La banque fabrique de la monnaie par le crédit ou la dette. Par une plume, de l'encre, du papier et de la confiance, de la monnaie est créée. Les États, les entreprises et les ménages empruntent de l'argent chargé d'intérêts à la banque pour le rembourser ensuite. L'argent prêté par la banque crée un dépôt virtuel. C'est une somme d'argent, équivalente au montant prêté, qui s'ajoute à la masse monétaire en circulation. Le remboursement du prêt accordé détruit un dépôt réel qui est lui, contrairement au dépôt virtuel, une somme d'argent, équivalente au principal plus les intérêts du montant prêté, que l'on retire de la masse monétaire en circulation. La quantité de la monnaie en circulation est augmentée à chaque prêt et diminuée à chaque remboursement. **La technique de la dette consiste à injecter de l'argent virtuel et à retirer de l'argent réel gonflé d'intérêts.** De la nouvelle monnaie est constamment créée et détruite par un simple procédé de comptabilité. Les banquiers augmentent ou diminuent le montant de la monnaie en circulation en agissant sur les dépôts. En achetant des titres ou en accordant des dettes et des découverts la banque crée des dépôts. La plus grande partie des dépôts viennent des crédits des banques mais pas des dépôts du public, les clients de la banque. Les banques ont le privilège de prêter jusqu'à dix fois la masse de leurs réserves fractionnaires obligatoires. Tout le pouvoir d'achat nait sous forme de crédit, se transforme en prix sous forme de numéraire, passe par les mains du pauvre et du riche et meurt par le remboursement.

La dette, une technique financière ruineuse

La riche et puissante dynastie des Rothschild est à l'origine de la dette souveraine, du système bancaire, de l'argent-dette. Elle était une famille qui vivait dans le ghetto juif de Frankfort en Allemagne au XVIIIe siècle. En effet, les juifs étaient « prisonniers » dans ce ghetto sordide et surpeuplé. Ils n'avaient pas le droit d'exercer la plupart des métiers. Ils payaient de lourds impôts et il leur était interdit de posséder des biens immobiliers. Les prêts avec intérêts étaient la seule activité économique qui leur était réservée contrairement aux chrétiens à qui cette pratique était interdite. Ils s'adonnaient aux changes, à l'investissement et aux prêts, toutes activités qui préfiguraient la pratique bancaire d'aujourd'hui basée sur l'argent-dette.

La dette mondiale est le triple du PIB mondial. Elle dépasse ainsi trois fois la richesse réelle dont dispose l'humanité. Ce qui signifie que la dette ne sera jamais remboursée mais cela n'empêche pas tout de même l'économie de fonctionner. À quoi bon d'accorder une dette qui ne sera jamais rendue et de surcroit dont le défaut de paiement n'empêche pas l'économie de tourner? N'est-ce pas irrationnelle une telle technique financière ? L'épargne, son corollaire, est de l'argent retiré du circuit économique, immobilisé dans des comptes bancaires, aux mains d'une minorité. Pour se faire bonne conscience, des milliardaires qui ne savent plus que faire de leur épargne chiffrée en milliards de dollars s'engagent moralement à céder au moins 50% de leur argent (Giving Pledge) à des fins philanthropiques. A quoi bon d'accumuler une telle richesse qu'on n'arrive pas à utiliser et que l'on a dramatiquement privé à des travailleurs qui en ont infiniment besoin ? N'est-ce pas irrationnelle une telle épargne? L'assouplissement quantitatif (quantitative easing, QE) qui consiste à racheter directement des dettes privées ou publiques par une banque centrale est une pratique moderne de la planche à billets. Ces titres achetés sur les marchés sont échangés contre de la monnaie centrale pour relancer l'activité économique. C'est une nouvelle politique monétaire non conventionnelle jugée diabolique par les Allemands (mais largement utilisée aux États-Unis, au Royaume-Uni et au Japon). Enfin, n'est-ce pas de la spéculation financière pure et simple que de consentir des prêts à des taux négatifs? Faut-il le rappeler, la spéculation financière est à l'origine de la crise de 1929 et de celle des *subprime* de 2008. Cette irrationalité financière doublée de cette spéculation financière fondée sur la prolifération et la multiplication de produits financiers dérivés ont réduit des familles à la pauvreté et à la misère, ont semé de la souffrance dans les maisons, ont causé du chômage, détruit des vies et créé des crises économiques et des guerres.

La dette bancaire ce n'est pas de l'argent liquide que l'on prête comme cela se passe entre deux individus. Contrairement à une opinion répandue, même chez les économistes, la dette n'est pas de l'épargne prêtée. C'est une écriture banale de chiffres qui vous autorise à retirer du tas de billets dont dispose la banque une somme équivalente au signalement des chiffres. Soit les banques disposent d'un tas de billets d'un montant de 2000 milliards de francs CFA par exemple. Elles donnent aux demandeurs de crédits des « droits de tirages » sur ce tas d'une certaine somme de billets moyennant un intérêt, le paiement d'un service. Elles peuvent prêter deux fois, quatre fois, six fois ou plus ces 2000 milliards tant qu'existe la probabilité que les bénéficiaires de crédits et les épargnants ne viennent prendre en même temps le montant de leur prêt ou de leur argent. Cette possibilité est d'autant plus probable, que certains bénéficiaires utilisent des chèques et d'autres de la monnaie électronique sans utiliser un seul billet du tas. Elle est encore plus probable que de l'argent retiré le matin est dépensé et retourne le soir à la banque pour être rangé dans le tas. La banque peut prêter dix milliards le matin, mais retrouver le soir les dix milliards intacts, puisque soit aucun billet n'a été utilisé dans les transactions soit les billets y sont retournés. En m'accordant une dette, on me crédite de plus de droits de tirage, lorsque je dépense la dette, on me débite de ces droits. Soit j'emprunte 10.000.000 CFA pour payer une voiture à CFAO-AUTOMOBILE dont le compte est domicilié à la même banque que le mien. Je décide de payer avec un chèque. Aucun billet n'a été engagé dans la transaction. On a transféré mes droits de tirage de mon compte à celui de l'entreprise. Aucun billet n'est sorti sauf que des écritures ont été opérées. J'ai été riche de 10.000.000 CFA de droits de tirage et à la minute suivante je suis appauvri de 10.000.000 CFA de droits de tirage plus des intérêts au profit de l'entreprise et de la banque. J'ai une voiture mais j'ai perdu du pouvoir d'achat puisque je dois payer durant cinq ans une échéance de quelques milliers de francs (principal plus intérêts) sans compter la charge de carburant pour ma nouvelle voiture. Toute dette accordée se traduit par une perte de pouvoir d'achat du consommateur à l'instant qui suit. La banque nous vend du vent que nous devons payer par un pouvoir d'achat frappé d'un intérêt qui le creuse davantage. Les 10.000.000 CFA qui ont été dépensés se transforment probablement en épargne et en salaires au niveau de l'entreprise. Ces salaires n'ont d'impact sur le pouvoir d'achat national global que s'ils correspondent à une création de nouveaux emplois. L'intérêt, condamné par la religion musulmane et dont les Chrétiens ne voulaient pas du temps des Rothschild, est techniquement et moralement abominable. C'est un coût surfait sur le remboursement de la dette. C'est de l'argent qui n'est ni créé ni prêté mais qui est à rembourser. C'est de l'argent qui n'existe pas. L'argent existe par la création monétaire ex nihilo, rentre dans le circuit économique et en sort par le remboursement frappé de l'intérêt. Il faut payer plus que ce qui est prêté, ce qui est créé. C'est ainsi qu'il existe des gagnants et des perdants dans le système. Ceux qui remboursent, recouvrent leurs dettes avec une partie de l'argent des autres. Ceux qui ne peuvent plus payer perdent leurs hypothèques, leurs garanties. Ils descendent dans l'enfer de la déchéance. Tant pis pour eux ! Ainsi est fait le jeu, le système ! Pour recouvrer leurs dettes ils doivent contracter de nouvelles dettes. Les dettes paient les dettes, on rentre dans un circuit vicieux. On ne peut plus s'arrêter de s'endetter, car on ne peut plus s'arrêter de rembourser la dette. La dette s'accumule, grossit, grossit, encore grossit jusqu'à exploser à notre figure, c'est l'irréparable récession sans solutions bienfaisantes et encore moins durables. C'est ainsi que la dette et l'épargne retirent du pouvoir d'achat du circuit économique. Elles favorisent le gap entre la production et la consommation en l'aggravant. La perte de pouvoir d'achat, le chômage, les invendus sont les conséquences affreuses de telles forfaitures. L'enjeu de notre système économique, c'est la dette et l'épargne. La dette enrichit les tenants du pouvoir financier, l'épargne récompense les multinationales. Il faut sortir de la dette ou périr par la dette.

La dette bancaire est cependant différente de la dette qu'un individu accorde à son semblable. Si j'ai 500.000 CFA, je prête 100.000 CFA à mon ami, il me reste 400.000 CFA. J'ai donné à mon ami des billets réels, il me reste de l'argent réel mais diminué des billets du prêt. Ce n'est pas le cas pour la banque qui ne prête pas ses billets de banque. Les banques prêtent chaque jour mais aucun de nos comptes courants ou de nos comptes d'épargne ne diminue. Ils donnent des droits de tirage que l'on exerce souvent sans effet sur le tas des 2000 milliards de billets. Ces derniers constituent la somme globale des réserves obligatoires que la banque centrale impose à toutes les banques commerciales à détenir pour pouvoir accorder du crédit. Ces réserves fractionnaires sont régulées par le marché interbancaire (d'achat et de vente) de billets de banque. Elles représentent d'ailleurs la limite des montants à prêter pour éviter le risque de pénurie de billets dans le cas où le volume de crédit est anormalement élevé. Cette limite disparaitra toutefois dans le cas de la monnaie électronique.

Comme vous le voyez, nous sommes tous dans les liens de la dette. Plus de 90% de nos salaires sont liés à des prêts. Nous sommes attachés par les chaines de la dette. États, ménages, entreprises, nous sommes les prisonniers de la dette. Le système économique et notre développement sont piégés par le pouvoir bancaire et financier. Nous ne pouvons échapper sans briser ces chaines.

La planche à billets, légitime technique utilisée par l'état pour injecter de l'argent dans le circuit économique a été bannie par les technocrates. Ils justifient leur science par le penchant de l'état « irrationnel et irresponsable » à provoquer l'inflation contrairement aux intérêts privés plus « rationnels et plus responsables ». Les instincts électoralistes des politiciens l'emporteraient-ils sur la voracité et la cupidité des privés ? L'inflation, réductrice de pouvoir d'achat, reste toutefois omniprésente dans notre merveilleux système technocratique. Les crises de 1929 et 2008 résultaient de la spéculation financière fondée sur les intérêts privés « rationnels et responsables », mais les États « irrationnels et irresponsables » ont été les valeureux sapeurs-pompiers qui ont éteint et délimité l'ampleur de l'embrasement. La pratique de la planche à billets sert à préserver les États des déficits budgétaires qui sont à l'origine de leur endettement injustifié et excessif. L'argent est une confiance accordée à du papier et du métal par l'État en tant que dépositaire de la volonté et du pouvoir du peuple. L'argent appartient à l'État, au peuple. Nul n'a le droit de confisquer le droit de battre la monnaie et de l'émettre à la place de l'État. En extorquant ce droit de battre et d'émettre la monnaie, un pouvoir privé a soumis l'État, l'a enchainé et l'a rendu esclave de ses intérêts et de ses volontés capricieuses. Les banquiers l'ont arraché à l'Angleterre en 1693, à l'Amérique en 1913, à l'Europe (la France, l'Allemagne,...) en 1993. Ils ont conquis ces vastes et sûrs marchés financiers que représentent nos États immensément riches mais encore dépendants de leurs partenaires économiques. Ils ont rendu nos États esclaves au même titre que nos ménages et nos entreprises. La dette souveraine est à la base des taux négatifs en vogue aujourd'hui parce qu'elle est plus sûre. **L'enrôlement des États dans le marché financier a pour conséquence des coupures sur les dépenses sociales, conditions de notre bien-être.** Des leaders avertis et patriotes ont opposé pourtant une résistance farouche à cette soumission de l'État à des intérêts privés. Benjamin Franklin, Thomas Jefferson, Abraham Lincoln, pour ne citer que ceux-là, se sont montrés hostiles et ont agi de manière virulente face à la dictature des banques et des banquiers.

Si la planche à billets alimente l'inflation alors la création monétaire privée alimente non seulement l'inflation mais aussi les déficits budgétaires chroniques, les politiques d'austérité qui s'attaquent aux dépenses sociales sans oublier l'endettement sans fin qui ruine les États, les ménages et les entreprises avec des dettes impossible à payer.

Pourquoi les États empruntent avec intérêt l'argent aux banques privées lorsqu'ils peuvent créer tout l'argent dont ils ont besoin sans frais ? La rationalité voudrait que de sérieuses réformes soient apportées à défaut de radicales ruptures. Le volume du crédit annuel au Sénégal s'élèverait à 4000 milliards de francs CFA en 2018[2]. **Une moitié de cette somme pourrait servir au crédit privé, l'autre partie affectée à l'État pour financer un revenu de base et payer la dette intérieure. L'épargne pourrait aussi être orientée vers une bourse des projets qui n'appellent que des investissements financiers au lieu de l'accumuler comme un pouvoir d'achat mort hors du circuit économique.**

Il est donc établi que la dette et l'épargne retirent du pouvoir d'achat du circuit économique, secrètent de la pauvreté, détruisent des familles et des ménages, favorisent des crises et des guerres, entravent le développement humain. Le poison de la dette s'infiltre dans le sang de toutes les affaires provoquant la ruine et la débâcle financière. La chute des prix, le chômage, l'inflation, la paralysie de l'économie et la récession s'ensuivent. Ces fléaux sociaux, économiques et politiques affectent le dynamisme de la société.

La dette diminue le pouvoir d'achat, crée le chômage et l'inflation

Le banquier crée ex-nihilo le capital virtuel qu'il prête. Il ne crée pas l'intérêt que ce capital rapporte. Au contraire, il l'adosse aux agents économiques (État, ménages, entreprises) et vit de ces ressources additionnelles qu'il tire de la rémunération de leur production. Les contrôleurs privés du système bancaire usent et abusent de leur droit de créer la monnaie et de la faire circuler sous forme de dette chargée d'intérêts qu'il faudra rembourser. Ils retirent par le procédé du remboursement une partie de la masse monétaire. Cette quantité d'argent en circulation représente le pouvoir d'achat de la nation. Les biens passent du

[2]Rapport sur les conditions de la banque dans l'UEMOA 2018

producteur au consommateur par l'intermédiaire du pouvoir d'achat. Le système bancaire produit ainsi par ce retrait la rareté de l'argent. Le pouvoir d'achat national des consommateurs est donc réduit. La diminution de l'argent en circulation à cause des intérêts que le banquier gagne sur les prêts limite la consommation. La production baisse en conséquence et le chômage apparait.

L'inflation est une augmentation simultanée de la quantité de monnaie et des prix indépendamment de l'augmentation de la production. Elle n'apparait que lorsque la quantité de monnaie est supérieure à la valeur réelle de la production nationale. Si l'augmentation de la monnaie correspond exclusivement à une augmentation de la production, il n'y a pas d'inflation. Les taux d'intérêts (prohibitifs) rentrent dans les coûts de production. Ils gonflent les prix des biens et services, engendrent donc l'inflation en diminuant le pouvoir d'achat. L'inflation est dangereuse à cause de la baisse du pouvoir d'achat des consommateurs qui l'accompagne à travers la hausse des prix.

La dette est due par la nation entière à des individus aux intérêts insatiables

La plus grande partie de la monnaie en circulation est une dette privée due par la nation entière à des individus aux intérêts égoïstes. Les ménages (salariés ou non), l'État et les entreprises sont tous endettés et ne sortiront jamais de cet engrenage. Notre présent système financier, soumis au contrôle privé, nous a transformés en esclaves économiques par le mécanisme de la dette. Des individus qui se plaisent dans un parasitisme insouciant se nourrissent sans vergogne des profits financiers. Le marché de l'argent est aujourd'hui le marché le plus florissant. Il attire de plus en plus des acteurs financiers de tout acabit qui nous enferment dans des cycles d'endettement inévitable pour assouvir leur cupidité sans limite.

Du contrôle privé du système bancaire

La monnaie ne vient au monde qu'à l'état de dette. La banque nous accorde du crédit sous forme de dette. La majeure partie de la monnaie en circulation est une monnaie-dette. Nous vivons dans un système de monnaie-dette. Les banques créent et détruisent 90% de la monnaie suivant leurs propres intérêts. La dette ne pourra pas être payée puisque nous devons payer plus que l'on nous a prêté, plus que nous avons dans nos poches. Il faut régler le principal que nous avons emprunté à la banque et l'intérêt qui profite aux banquiers. La monnaie en circulation ne contient pas l'intérêt, elle ne comprend que le principal. Il est impossible d'utiliser la monnaie en circulation pour payer les produits et rembourser la dette. La somme du principal et de l'intérêt beaucoup plus élevée que le montant du prêt ne peut être rendue que par une nouvelle dette. Alors les dettes payent les dettes. Pas de production sans capital (ou investissement), pas de capital sans dette, donc pas de développement sans augmentation de dettes. Les dettes se multiplient, elles ne sont pas remboursables. Un système monétaire basé sur la dette et l'intérêt ne peut fonctionner à la longue qu'en créant toujours plus de dettes. Les dettes montent aux dépens du pouvoir d'achat des citoyens. Le peuple souffre de ce phénomène qui ne repose que sur un simple procédé de comptabilité. Nous sommes donc les naufragés et les prisonniers de la dette, du système financier qui ne crée de l'argent que moyennant intérêt. Pour chaque dollar versé en aide aux pays pauvres, huit dollars sont remboursés par ces pays en intérêts. Les financiers, propriétaires de la monnaie, la traitent comme une marchandise. Ils s'opposent à toute idée d'abondance de la monnaie car la rareté d'une marchandise la rend chère. Ils promulguent eux-mêmes des lois et inventent des techniques qui limitent la quantité de la monnaie en circulation. Nous sommes les victimes de ce contrôle privé du système bancaire. Le peuple souffre de ce phénomène qui ne repose que sur un simple procédé de comptabilité. Mais ils persuadent le public des vertus illusoires de la rareté de la monnaie. L'argent ne crée pas de la richesse, la richesse est créée par le travail. L'islam l'a bien compris en considérant d'illicite l'intérêt sur la dette. L'argent comme la terre n'appartient à personne. Ce sont des propriétés du peuple qui ne peuvent être vendues ou taxées que par l'État. L'argent contrôlé par des intérêts particuliers coûte trop cher. La rareté artificielle de la monnaie explique cela et conduit à l'insuffisance du pouvoir d'achat. L'abandon de la gestion de la monnaie à un monopole bancaire privé dont les intérêts égoïstes divergent avec ceux du peuple est l'unique cause de cette conséquence regrettable.

Notons que la circulaire secrète, reproduite ci-dessous, adressée aux banques nationales des États-Unis en 1877 par les principaux banquiers de New York démontre que la rareté de la monnaie n'est pas une nécessité mais obéit seulement à des intérêts privés invisibles au peuple [7].

« La loi permettant l'émission de billets par les banques nationales et la mise en circulation de la monnaie émise par le gouvernement procurerait de l'argent au peuple et, par conséquent, affecterait sérieusement vos profits individuels comme banquiers et comme prêteurs. Vous allez immédiatement retirer un tiers de votre circulation et rappeler la moitié de vos prêts. Ayez soin de faire sentir la rareté de la monnaie à vos clients et particulièrement aux hommes d'affaires influents ».

Maurice Allais et Henry Ford déploreront et dénonceront la création monétaire privée avec des mots très durs. Le prix

Nobel d'économie, Maurice Allais, déclare : « Dans son essence la création de la monnaie ex-nihilo actuelle par le système bancaire est identique à la création de monnaie par des faux-monnayeurs. Concrètement, elle aboutit aux mêmes résultats. La seule différence est que ceux qui en profitent sont différents ». Le célèbre industriel américain, Henry Ford, avertit: « Si les gens de cette nation comprennent notre système bancaire et monétaire, je crois qu'il y aurait une révolution avant demain matin ».

Réhabiliter le droit régalien de battre la monnaie

Les dirigeants ignorent la capacité du pouvoir monétaire à contrôler et à influencer leur gouvernement. Ils cèdent sans prudence ni vigilance leur droit régalien de contrôle du système monétaire à des mains privées. Le droit de battre et d'émettre la monnaie tombe ainsi aux mains de groupes minoritaires commandés par des intérêts particuliers qui s'opposent à ceux de la société. Ces groupes prédateurs s'accaparent du contrôle du pouvoir économique et du pouvoir politique en usurpant le droit de contrôler le système monétaire. Les politiques ont failli à leur devoir. Ils n'affichent dorénavant que faiblesse et résignation face aux puissants maîtres financiers. Résister ou braver leurs diktats leur fait encourir un risque téméraire.

Les banquiers et les financiers constituent des corporations nullement responsables devant le peuple. Mais ils contrôlent tous nos moyens de vivre en s'arrogeant le droit de battre et d'émettre la monnaie. Ce droit démocratique issu du peuple devrait seulement relever des élus, ses dépositaires légitimes. L'État se laisse extorquer ce droit par des brigands financiers qui exercent la puissance de leurs lobbies pour peser sur ses décisions.

Faut-il le rappeler, c'est avec notre complicité inconsciente que les banquiers détiennent un monopole sur la création monétaire. Les lois qui régissent leur pouvoir de domination sur nos modestes conditions de vie sont approuvées et bénies par le consentement de nos gouvernements élus. Les gouvernements empruntent au système bancaire en s'agenouillant. Ils enchainent toute la nation au système bancaire privé par une dette publique. Ils font supporter à leurs administrés un fardeau de plus en plus lourd au lieu de les soulager en exerçant un contrôle sur la monnaie et le crédit.

Que l'on s'entende bien. Nous ne critiquons pas la monnaie et sa fonction primordiale. Le phénomène financier moderne a certes des avantages mais aussi des inconvénients et des limites. Nous dénonçons les défauts de notre actuel système bancaire et monétaire. Nous mettons au banc des accusés le monopole privé du pouvoir de créer, d'émettre et de contrôler la monnaie. Le système bancaire et monétaire doit servir la nation. Il faut l'affranchir du contrôle privé et l'assainir de ses abus pour le mettre au service de la société toute entière. Les failles du système privé ont appauvri les populations en réduisant leur pouvoir d'achat. Il faut empêcher à des individus cupides de profiter des défauts de notre système monétaire qui est, à la fois, inadapté et vicieux. Le phénomène financier contemporain caractérisé par des taux d'intérêts nuls et négatifs nous administre la preuve irréfutable qu'il n'est pas nécessaire de charger la dette d'un intérêt irrationnel et antiéconomique. La pratique financière de la dette frappée d'intérêts est une chape de plomb qui écrase nos libertés économiques et démocratiques. La dette, les taxes, la pauvreté et la récession constituent les maux économiques qui alimentent nos frayeurs. On s'enrichit en appauvrissant les autres. La monnaie est un outil qui sert à distribuer la production. Elle ne sert pas à fabriquer du profit pour enrichir des banquiers.

L'État doit se réapproprier sa souveraineté monétaire. Il doit assujettir le système monétaire et financier pour faire jouer à la monnaie sa véritable mission. La soumission de l'État aux banquiers est une inversion de l'ordre. Les peuples doivent leur opposer une résistance victorieuse. Réhabilitons le droit régalien de battre, d'émettre et de contrôler la monnaie.

Enfin, faut-il remarquer, que notre vieille conception de la monnaie et notre vieille technique de la dette sont dépassées grâce aux progrès de la science et de la technique. La monnaie électronique qui a tendance à remplacer nos billets et nos pièces bouleverse tous les concepts de notre ancienne pratique monétaire et financière. **Une innovation financière qui favorise l'accès de tous à un pouvoir d'achat approprié changerait certainement nos conditions de vie. Refusons de payer le prix du progrès en pauvreté.**

La technique financière en islam

Celui que ni le sang, ni le rang social, ni le pouvoir, ni le savoir ne prédisposaient à une célébrité et à une reconnaissance de l'humanité a transmis un message où l'on retrouve le principe économique de la technique financière la plus productive, la plus performante et la plus pertinente de toute l'histoire de l'économie. Il n'est ni technocrate sorti des grandes écoles ni universitaire produit d'une formation académique supérieure. Le prophète de l'islam a révélé, treize siècles auparavant, à ses contemporains évoluant dans une société caractérisée par les échanges, de quelle façon il était possible de financer l'économie par le crédit sans intérêt contrairement au système bancaire moderne. Le Prophète Mohamed (SAWS) pourrait être qualifié de « plus grand économiste de tous les temps ». Il a mis en place la théorie économique la plus rationnelle et la plus juste depuis que le monde existe, en contradiction flagrante avec la théorie économique irrationnelle des universitaires et des technocrates de la finance moderne. En supprimant l'intérêt sur la dette, le prophète a supprimé à la fois la source de spéculation la plus dangereuse et la plus parasitaire de l'histoire. L'intérêt défie toutes les règles de l'éthique, de la morale, de la justice et du bon sens. L'intérêt est un monstre antiéconomique qui fait exploser les déficits publics, crée la pauvreté, l'inflation et les crises de toutes sortes. L'intérêt qui n'est pas de l'argent prêté est un vol commis sur le produit d'un dur labeur. En d'autres termes, une maison dont le coût réel est de 30 millions revient à 60 millions si sa construction est financée par un crédit bancaire dont l'échéance dépasse 20 ans. Les bénéficiaires de cet intérêt (30 millions) n'ont ni transpiré, ni sué, ni risqué des accidents contrairement aux individus qui ont dépensé de l'énergie, de la force et de l'intelligence. Ils parcourent les hôtels, voyagent en première classe, se payent les petits plaisirs, mènent la belle vie et sont auréolés de reconnaissance et de célébrité. C'est la couche la plus parasitaire de l'histoire de l'humanité qui n'a pas besoin de travailler pour vivre. Ils ne travaillent pas mais ils reçoivent la plus grande part de notre production. N'est-ce pas de l'injustice insolente ? Le prophète en interdisant l'intérêt a compris l'injustice qui s'y dissimulait. Toute dette frappée d'intérêt retire de la production du pouvoir d'achat de l'argent réel qui n'a pas été prêté. Plus des deux tiers de l'humanité souffrent de pauvreté. Cet argent retiré « frauduleusement » représente des besoins vitaux non satisfaits. Cette richesse confisquée affame des enfants, tue des malades, abrutit des jeunes par l'ignorance, sème le dénuement, déshabille les populations, fragilise la société et la démocratie. La dette grevée d'intérêt favorise la spéculation et détourne l'épargne du circuit de la production alors que la dette sans intérêt incite les riches à investir dans la production. L'activité économique florissante devient la seule source de gains économiques, de richesse. Il devient désormais inutile de faire dormir dans les banques de l'argent qui ne rapporte rien. L'argent sort de la production et revient dans la production. Il se transforme en investissement, en bénéfices et en pouvoir d'achat et réintègre la production par la consommation et l'investissement. L'activité économique est toujours stimulée, le chômage recule, s'éloigne et s'éteint, la pauvreté disparait. Plus de récession, une croissance épanouissante, de l'embellie, de la richesse réelle, de l'abondance. Les phénomènes financiers contemporains (spéculation effrénée, inflation, crashs boursiers, crise des subprimes, effondrement du logement en raison de la dette…) donnent raison au prophète. L'argent est prêté en Europe à des taux d'intérêt nuls ou négatifs. Les technocrates européens viennent de démontrer qu'une dette frappée d'intérêt n'est pas nécessaire à l'activité économique. L'accumulation de la richesse en dehors de la production dévalorise l'argent qui se prête désormais à des taux négatifs. La spéculation boursière va prendre du plomb dans l'aile. Les actions achetées par du crédit vont s'étioler comme une peau de chagrin. L'économie se purifie, elle est assainie. La richesse spéculative est morte. Tout l'argent en circulation dans l'économie est réel. C'est de l'argent qui rentre dans la production par l'investissement et en sort par les bénéfices et les salaires et revient dans la production. C'est la nécessaire fonction et le véritable destin de l'argent. L'argent renoue avec sa mission de moyens d'échange et rompt avec sa fonction vicieuse et spéculative d'accumulation de richesses en faveur de parasites inconscients, véreux et voraces. Du pouvoir d'achat réel n'est plus retiré de la masse monétaire pour dormir dans les paradis fiscaux en privant des millions d'individus de moyens d'existence.

La technique financière moderne est injuste

La technique actuelle de la dette est doublement injuste. Elle est injuste parce que la dette est chargée d'intérêt perçu par le préteur mais que le débiteur n'a jamais reçu dans son compte. Elle est injuste parce que l'argent de la dette prêtée appartient au peuple, il n'appartient pas à ceux qui le prêtent. Ils ont usurpé ce droit au peuple. L'argent-dette est né des besoins de l'économie associés à l'augmentation de la population qui demande plus de soins de santé, plus de formation, plus de téléphones, plus de voitures, plus de nourritures, plus de services, plus d'infrastructures,..., donc plus de moyens d'échange. Il correspond à l'augmentation annuelle de la masse monétaire nécessaire pour faire circuler les biens et services que nous échangeons entre nous. Ce surplus d'argent ou argent neuf, n'appartient à personne, il appartient au peuple tout entier. Malheureusement des gangs d'actionnaires privés organisés en associations bancaires ont fait main basse sur cette cagnotte sous la complicité de nos états dépositaires de nos lois et règlements. Les banquiers ont confisqué notre droit de battre et d'émettre la monnaie. Le contrôle de l'argent du peuple par des mains privées est dorénavant acquis et béni par tous nos états modernes. Il a été décidé de financer l'économie par la dette frappée d'intérêt. Tout l'argent en circulation rentre dans la production sous forme de dette. Toute la masse monétaire qui constitue notre pouvoir d'achat national est une dette chargée d'intérêt qui n'existe pas dans cette quantité de monnaie en circulation. L'argent rentre donc par le principal de la dette et sort par le remboursement équivalent au principal plus l'intérêt (« ou impôt bancaire »). On retire au débiteur plus que ce qu'on lui a prêté. Il y aura des débiteurs qui ne pourront pas honorer leurs engagements. Ils seront comptés dans la masse des perdants, des appauvris. Ils seront saisis de leurs biens hypothéqués, tant pis pour eux. Il y aura des gagnants ceux qui ont honoré leurs engagements avec l'argent des perdants. La mécanique du système secrète nécessairement des gagnants et des perdants puisque l'argent en circulation ne suffit pas à payer le principal de la dette et l'intérêt associé. Il faut que le gagnant Niokhor prenne chez Modou le perdant pour payer le principal plus l'intérêt de sa dette. Il y a des gens qui s'enrichissent et d'autres qui s'appauvrissent, c'est la logique implacable de notre vicieuse technique financière en vigueur. Toute dette accordée correspond à une perte de pouvoir d'achat. Notons en passant que l'intérêt sur le crédit à la consommation est un impôt grossier comparable à la TVA (à la différence que la TVA est perçue par l'État et l'intérêt par le banquier). Il est réglé comme une redevance moyenâgeuse au seigneur banquier. Le crédit à la consommation ne crée aucune valeur pour le débiteur mais celui-ci doit le rembourser avec de l'intérêt. Il illustre l'escroquerie la plus mesquine et la plus criminelle que nos financiers civilisés sont capables de commettre sur les pauvres citoyens innocents que nous sommes.

Le revenu de base généralisé (RBG) et notre nouvelle vision financière

La révolution financière consiste à rétablir notre droit régalien sur cet argent neuf. Au lieu de transformer en dette frappée d'intérêt cet argent neuf qui appartient au peuple, il faut le distribuer au peuple et le prêter sans intérêt. On rétablira ainsi la justice contre l'injustice liée au contrôle privé de notre argent et contre l'injustice liée à l'escroquerie au moyen de l'intérêt. La justice sociale requiert de distribuer cette augmentation annuelle de la masse monétaire sous forme de revenu de base généralisé (RBG) et de dette sans intérêt. L'argent doit rentrer désormais dans le circuit économique par le crédit sans intérêt mais remboursable, par l'épargne sous forme d'investissement (actionnariat) et enfin par le RBG sous forme de pouvoir d'achat (c.a. d crédit à la consommation non remboursable et sans intérêt). Les vertus de ce nouveau mécanisme financier révolutionnaire reposent sur la suppression de l'intérêt et de ces conséquences désastreuses sur l'économie mais aussi sur la disparition du confinement dans les banques de l'épargne thésaurisée. L'argent qui se fructifiait dans les banques par l'intérêt quitte celles-ci pour prendre de la valeur dans la production par l'investissement sous forme d'actions. La réappropriation du droit régalien de battre et d'émettre la monnaie ou du monopole du droit de la création monétaire est le fondement de la souveraineté monétaire qui est la base du pouvoir financier de l'État. Tous les gouvernements peuvent financer un revenu de base généralisé (RBG) dans le contexte de cette souveraineté monétaire. Le RBG est un concept politique et social de transfert financier qui inaugure et préfigure une nouvelle révolution de la (re) distribution. La COVID-19 prouve que le bannissement de l'usage de la planche à billets est tendancieux et ne profite qu'aux actionnaires financiers qui ont transformé l'État en un gros coq à déplumer. L'usage de la planche à billets a été à l'occasion réhabilité au grand bonheur des peuples européens (700 milliards d'Euro injectés dans l'économie par la BCE).

L'argent doit rentrer dans le circuit économique sous forme de revenu de base généralisé, de crédit sans intérêt et d'épargne ou d'actions au lieu d'y être injecté sous forme de dette chargée d'intérêt au profit d'individus voraces sans foi ni éthique. Il ne s'agit plus de donner du pouvoir d'achat de la main gauche et de le retirer le lendemain de la main droite comme c'est le cas pour notre trop technocratique concept de la dette. Cette nouvelle vision est une révolution de la technique financière. Elle tue le crédit à la consommation en le substituant par le revenu de base généralisé (RBG), autorise le crédit sans intérêt et déconfine, en la décourageant par les actions rémunérées par les dividendes, l'épargne thésaurisée dans les banques.

Chapitre 4 :

Le modèle étatique

La volonté commune de vivre ensemble s'appuie sur l'opportunité de s'associer avec ses semblables dans un État pour assurer sa sécurité en se protégeant contre la pauvreté, la maladie, la faim et les ennemis de toutes sortes. L'État est constitué d'un territoire et d'un peuple. Il est incarné par un chef (Président de la République, Roi, chef de Gouvernement…) dont la volonté, la conscience, les émotions, les désirs et l'esprit doivent exprimer les états d'âmes et les intérêts du peuple. L'État est l'organe institutionnel qui représente le peuple dans ses intérêts ainsi que dans ses aspirations et ses volontés. Il partage la richesse nationale, fruit de la croissance économique, par la distribution et la redistribution au moyen du budget financé par les impôts et les taxes. L'État est une Entreprise dont les Actionnaires sont les citoyens. Le modèle actuel de l'État se présente sous différentes formes et divers aspects.

L'État fiscal

La fiscalité a pris une importance telle que les grandes puissances du G8 l'ont consacrée comme thème de discussion de leur sommet tenu en juin 2013 en Irlande du Nord. Payer des impôts représente-t-il une redevance ou une solidarité ? Cette question nous interpelle à réfléchir sur les fondements philosophiques, moraux, économiques, sociaux et juridiques de la fiscalité. Le sol, le sous-sol, les eaux et la végétation constituent un patrimoine naturel confiné dans les limites d'un territoire, appartenant au peuple dont le savoir, le savoir-faire et le savoir-être sont le produit de notre histoire et de notre culture. On hérite ainsi d'un capital physique et social qui se compose de ressources matérielles et immatérielles acquises par l'éducation, l'échange, l'instruction, la formation et la tradition.

L'État, en tant qu'institution consensuelle juridiquement légitimée, est le dépositaire de la propriété et de la gestion de ce capital. Il s'acquitte de ses devoirs de propriétaire et de gestionnaire en créant et en entretenant un environnement qui permet à chacun de s'épanouir et de se développer dans un climat de fraternité nationale et de citoyenneté. La mise en valeur de cet environnement requiert un investissement de l'État. La santé, l'éducation, la justice, la sécurité des populations, les infrastructures routières pour la circulation des services, des biens et des personnes, l'énergie pour la maitrise et la transformation de la nature au service des besoins des populations, etc. constituent autant de postes d'investissement dont la réalisation fonde la légitimité, la reconnaissance et l'acceptabilité de l'État et de la fiscalité par les citoyens. Tout citoyen qui profite de cet environnement ou qui entreprend un projet privé sur ce territoire doit payer naturellement à son propriétaire (l'État) une redevance sous forme d'impôt ou de taxe. Les citoyens actionnaires de l'État détiennent par l'impôt et les taxes les actions du capital public d'investissement et récoltent en retour des dividendes par le service public. Le devoir fiscal est à la fois un acte de redevance et de solidarité. La distribution, la redistribution et l'arbitrage reposent sur l'équité qui est la manifestation de cette solidarité.

Il est cependant aisé de voir que les recettes fiscales, malgré la hausse continue des taxes et des impôts, n'arrivent plus à assurer la couverture des besoins sociaux et économiques des citoyens. L'État fiscal est partout en banqueroute. Celle-ci se manifeste à travers un surendettement et des déficits budgétaires chroniques. L'État fiscal montre ainsi ses limites dans la prise en charge des besoins des populations. Faut-il le rénover pour l'adapter à la réalité socio-économique des peuples ?

L'État financier

L'argent neuf créé concrètement par les besoins de la production et de la distribution est converti en monnaie-dette prêtée par les banques commerciales aux agents économiques avec intérêts. Le grand capital en extorquant (à l'État) le droit régalien d'émettre la monnaie confisque en même temps le droit de transformer l'argent neuf en dette chargée d'intérêts.

Le déficit budgétaire chronique, qui est le bouc émissaire pour tous nos maux, est dû au fait que l'état a cédé sa souveraineté de création monétaire aux banques privées. C'est une défaite de l'État face au capital. L'État devrait *au moins* battre et émettre la monnaie et la mettre à la disposition des banques sous forme de crédits pour en récolter les intérêts. Ces derniers serviront à financer les services publics au lieu de s'évanouir dans les paradis fiscaux au profit d'individus sans vergogne. Nos élus ont malheureusement abandonné le pouvoir et le droit de créer la monnaie aux banques privées qui la créent par le crédit, la prêtent aux ménages, aux entreprises et à l'État lui-même et en perçoivent les intérêts. Ils ont failli à leur devoir et sacerdoce de représentants démocratiques du peuple. Les États européens ont perdu le 7 février 1992, le droit "régalien" de créer la monnaie en faveur des banques mais au détriment des citoyens. **«L'article 104 du Traité de Maastricht, interdit aux Banques centrales d'autoriser des découverts, d'accorder tout type de crédit au Trésor public et à tout autre organisme ou entreprise publique».** C'est un hold-up, un racket, une escroquerie financière. La monnaie est subitement et discrètement transformée en un outil au service des seuls intérêts privés. Il est inadmissible que les actionnaires des banques s'enrichissent injustement sur le dos de la collectivité grâce à la création ex nihilo d'une monnaie mise à leur disposition **par l'État** sous forme de crédits frappés d'intérêts. Cela conduit au fait que l'argent en circulation est toujours insuffisant pour rembourser le volume d'emprunts en cours qui ne cesse d'augmenter. Ce régime basé sur l'argent-dette expose les États à un surendettement et à un pouvoir des détenteurs de capitaux de plus en plus dominant, étouffant et répressif. Non content donc de renverser l'État, le capital marche sur sa tête. Nous sommes victimes de la domination du capital et du marché ! Leur pouvoir sur notre destin ne cesse de croître. Le troisième président des USA, Thomas Jefferson, s'inquiéta en ces termes : « je crois que les institutions bancaires sont plus dangereuses pour nos libertés qu'une armée debout. Celui qui contrôle l'argent de la nation, contrôle la nation ».

L'État est une entreprise qui pourrait pourtant financer ces projets sans recourir à la dette intérieure. Le roi de France, Saint Louis disait: « le premier devoir d'un roi est de frapper l'argent lorsqu'il en manque pour la bonne vie économique de ses sujets ». Le Président des États du Nord, Abraham Lincoln, fit voter en 1862 par le Congrès grâce à l'article 1 de la Constitution des USA, l'émission de 449 millions de dollars pour financer la guerre contre les États du Sud, en évitant ainsi de recourir aux banques qui lui proposaient des prêts à 30% d'intérêt. Il remporta non seulement la guerre de Sécession, mais il développa l'agriculture et l'industrie nordistes grâce aux effets inductifs de cette injection d'argent que notre système monétaire actuel interdit. L'utilisation de la monnaie, gratuitement et en quantité suffisante par l'État, a permis à l'économie de retrouver son dynamisme. Sir Goshen, porte-parole des banquiers de la cité de Londres, condamna énergiquement ce principe gouvernemental facile de disposer de l'argent, en écrivant en 1865 : « Si cette malveillante politique financière (de Lincoln) devait perdurer pour de bon alors ce gouvernement fournira sa propre monnaie sans frais. Il sera sans aucune dette. Il aura tout l'argent nécessaire pour mener son commerce. Il deviendra prospère à un niveau sans précédent dans toute l'histoire de la civilisation. Ce gouvernement doit être détruit ou il détruira toute monarchie (financière s'entend) sur ce globe. » [7]. Lincoln fut assassiné le 14 avril 1865 ! Cette déclaration annonça avec une clarté éblouissante la future victoire du capital des rentiers sur l'État de tous les citoyens. Tout cela montre que le contrôle du système monétaire et bancaire par des privés n'a jamais été nécessaire. Il n'est que le résultat historique d'un hold-up digne de braqueurs chevronnés mais égoïstes et mus par leur seul intérêt.

La masse monétaire en circulation augmente normalement chaque année. Cette augmentation se traduit par de l'argent neuf à injecter dans le circuit économique. Le volume de la production, l'augmentation de la population et les besoins de la distribution déterminent le rythme et la quantité d'argent neuf à mettre en circulation. Il est clair que cet argent n'appartient pas aux banquiers. Il ne peut appartenir qu'à l'État, à tous les citoyens. L'argent nouvellement créé doit-il donc circuler sous forme de prêts frappés d'intérêts qui enrichissent les banquiers ? Le moyen le plus juste est de mettre une partie au moins de cet argent nouveau en circulation à la disposition de l'État. Il pourrait s'en servir pour financer ses services publics dont le RBG qui permet d'en distribuer de manière équitable entre tous les citoyens. Il sera utilisé par les consommateurs comme pouvoir d'achat supplémentaire réparti effectivement dans tout le pays. Chaque homme, femme, enfant, vieillard, bébé, profiterait ainsi de cette circonstance toutes les fois qu'il est nécessaire d'augmenter l'argent en circulation grâce aux nouveaux besoins de la distribution. Cette part exprime le lien matériel de citoyenneté entre l'État et le citoyen dans une République. Ce privilège consacre son droit de partager une partie des biens de ce pays qui lui permet au moins de vivre. L'État pourrait satisfaire toute la demande sociale des citoyens en compensant ainsi leur pouvoir d'achat insuffisant. Il leur permettra d'accéder aux produits et services en attente de consommation. L'autre partie pourrait sans doute circuler sous forme de prêt sans intérêt pour répondre aux besoins de financement de l'investissement des entreprises mais aussi de crédit à la consommation. Pour ce faire, l'État doit reprendre son droit de battre, d'émettre et de contrôler la monnaie.

Les banquiers effrayés brandissent l'épouvantail de l'inflation pour dénigrer la capacité de gestionnaire de l'État. Ils veulent justifier leur contrôle basé sur la rareté de la monnaie dont l'État et les citoyens sont les victimes. Mais d'où vient l'inflation, qui crée l'inflation ? L'inflation qui grignote continuellement notre pouvoir d'achat tire son origine dans les taux d'intérêts prohibitifs du régime financier. Ce sont les flux de monnaie excédentaire liés aux bulles spéculatives qui nous soumettent à un surendettement vicieux et qui provoquent toujours une inflation que les experts font mine de ne pas reconnaitre. En répétant à tort la menace de l'inflation, nous soutenons inconsciemment les intérêts de ces rentiers financiers qui ne cessent de l'exhiber comme un slogan idéologique.

Il nous faut une politique monétaire intelligente et désintéressée. Les véritables maîtres d'une nation sont ceux-là qui détiennent le pouvoir de créer, d'émettre et de contrôler la monnaie. Devons-nous continuer à vivre sous le joug de notre actuel régime de dette qui a fini de nous exposer aux risques de pauvreté ? Devons-nous imaginer les réformes utiles et nécessaires pour réadapter notre système bancaire et monétaire à nos besoins de prospérité ? L'État doit assujettir le système monétaire pour rendre à la monnaie sa véritable fonction comme moyen de distribution de la production et non comme moyen de fabriquer du profit en faveur des banquiers. La soumission de l'État aux banquiers est une inversion de l'ordre républicain. L'État doit se réapproprier sa souveraineté monétaire. L'État pourrait ainsi financer ses affaires sans créer de l'inflation ni s'endetter à outrance.

L'État social et démocratique

L'État est une Entreprise qui produit de la société et dont les actionnaires sont les citoyens qui doivent percevoir des dividendes. Mais un dividende suppose un capital placé et productif! Nos impôts et nos taxes perçus par l'État représentent un capital productif. Le modèle social et démocratique de **l'Etat-providence** est le plus adopté de nos jours. Il approfondit et élargit les missions de l'ancien État protecteur qui consistaient plus à assurer la justice et la sécurité aux citoyens. Il a pour but de garantir, au moyen d'un système de protection sociale, un niveau minimum de bien-être aux populations. Il est le bienfaiteur qui a soulagé les populations et les nations des conséquences destructrices et traumatisantes de la seconde guerre mondiale. Il connait un succès éclatant pendant les trente glorieuses en France. Son rôle d'assureur est plus prépondérant que son rôle d'assistant. Il nous protège contre les risques sociaux (maladie, chômage, vieillesse, etc.), il comble les inégalités en tendant à homogénéiser la société.

Au Sénégal, l'État est conçu comme un Etat-providence, capable de résoudre tous les problèmes. Les artistes, les paysans, les commerçants, les sportifs, les femmes, les jeunes, les associations, tout le monde demande à l'État de l'aider ! Mais l'Etat-providence est malade du fait de la demande sociale (les dépenses sanitaires, scolaires, universitaires, etc.) qui croît beaucoup plus vite que les recettes fiscales. **La crise de l'Etat-providence qui secoue les différentes démocraties contemporaines n'est-elle pas**

simplement confondue à la crise de l'État fiscal qui a atteint ses limites dans ses réponses aux attentes sociales et économiques des citoyens ? Si l'Etat providence ne fonctionne pas ce n'est pas sa faute mais celle des mécanismes mis en place pour le financer. L'Etat-providence survivra puisque les raisons qui justifient son existence et sa mission sont légitimes. La crise de l'Etat-providence est une crise de financement, d'efficacité et de légitimation. Il ne s'agit pas de l'abroger, il faut lui faire subir une mutation. L'Etat-providence doit évoluer et se transformer en État social dynamique mais aussi et surtout financier pour servir l'économie et le social.

La crise de l'État providence est en outre une crise idéologique et philosophique. Il faut repenser la notion de droit social. Les droits sociaux ne doivent pas être perçus comme des droits à compenser lors d'un dysfonctionnement conjoncturel (maladie, chômage, etc.,). L'Etat providence ne doit pas être une machine à indemniser mais plutôt un outil à prévenir des situations de risques permanents. **Il ne s'agit pas d'indemniser l'exclusion du marché de l'emploi d'une large partie de la population qui accroît de plus en plus les prélèvements sur le travail mais plutôt de créer les conditions d'une insertion de chaque individu dans la société.** Il doit reposer sur le principe de l'unité entre l'économique et le social qui renchérit et rehausse le concept de droit social. Le social se valorise mieux par son effet économique.

L'Etat-Providence ne doit pas être sélectif. Le principe de ciblage divise par principe la société en deux catégories : les riches et les pauvres. On oppose ainsi les bénéficiaires et les exclus du système. L'État ne doit pas se fonder sur une vision manichéenne et caricaturale de la société. Il est d'ailleurs difficile de placer des bornes socioéconomiques entre l'enseignant et le cadre banquier, l'ouvrier et le paysan, le mécanicien, le menuisier, l'avocat et le haut cadre de la fonction publique, etc. Le raisonnement économique qui nous enferme dans une logique de ségrégation sociale doit être dépassé. Il faut aussi savoir que les prestations sociales ont un caractère citoyen par leur rôle d'inclusion. Elles expriment en outre le lien matériel entre le citoyen et l'État. Elles réaffirment le principe de solidarité bien accepté et partagé qui fonde le droit d'égalité entre les citoyens. Il faut donc que ces prestations épousent une certaine forme d'universalité. Leurs coûts budgétaires ascendants ne doivent pas élever le ciblage en principe philosophique pour le substituer au principe d'universalité plus démocratique. Cette vision réductrice de la solidarité confine l'État-providence à un rôle d'assistance aux plus pauvres qui renforce le mythe du riche qui peut tout payer. Les pauvres deviennent les ayants droit sociaux et les riches les nobles contribuables cotisants. Ce qui a pour conséquence de substituer à chaque fois un contribuable par un assuré social qui ne peut plus s'acquitter de ses cotisations. Il en résulte ainsi un nombre de plus en plus élevé d'assurés sociaux que de contribuables. Notons en passant que le critère monétaire utilisé par les statistiques du ciblage ne suffit pas pour identifier toutes les personnes vivant en dessous d'un certain seuil de revenu. L'environnement familial et social, le lieu d'habitation, l'âge, le diplôme, le sexe, etc. sont autant de critères que l'on devrait prendre en compte.

Mais le rôle trop actif de l'État ne nuirait-elle pas au libéralisme qui valorise les vertus régulatrices du marché? L'augmentation des prélèvements obligatoires et de la part à redistribuer qui progresse plus vite que la production nationale est-elle liée nécessairement à l'État providence ou au mode de financement de celui-ci et au marché? La redistribution qui booste le pouvoir d'achat de la société peut-elle être qualifiée de négative? La justice et la sécurité distribuées gratuitement à tous sans contrepartie ne sont-elles pas profitables et favorables à l'émergence d'une société civilisée? Le coût économique croissant des politiques d'assistance et de redistribution qui profitent à une partie ciblée des citoyens mais supporté par toute la communauté conduit-il à une fragmentation du tissu social, à une injustice et à un recul démocratique? La globalisation peut-elle remettre en cause l'Etat-providence ou lui est-elle bénéfique? Bref, l'Etat-Providence est-il contre-productif? Une intervention bien conçue, pertinente et efficace de l'Etat-Providence pourrait dynamiser le marché, libérer l'entreprise et la rendre plus compétitive, réduire et prévenir les fractures sociales, atténuer les effets des dérives de la globalisation.

La mission de l'État providence est à la fois sociale et économique. Il est pertinent de diminuer le coût du travail pour lutter efficacement contre le chômage par l'introduction d'un revenu de base généralisé (**RBG)** au lieu de distribuer des allocations administrées de manière couteuse. L'État-providence doit donner à chacun de nous, sans exception, les moyens adéquats de surmonter une rupture (événements familiaux dramatiques, problèmes personnels, ruptures professionnelles, etc.), d'anticiper une panne, de redresser la pente d'une vie. L'égalité des chances ne signifie pas seulement de compenser les inégalités naturelles ou les disparités sociales. Elle doit permettre aussi de façon permanente à tous les citoyens d'accéder aux moyens de se remettre sur les rails en cas de contingences malheureuses. Le modèle « un citoyen, un revenu », point saillant de cet ouvrage, est une réponse pertinente et adéquate à l'échelle universelle.

Chapitre 5 :

Le modèle budgétaire

Le modèle budgétaire, plus au service des entreprises privées, exclut dans sa conception les besoins fondamentaux des citoyens. Les routes, les chemins de fer, les écoles et les hôpitaux, etc. sont autant d'infrastructures qui répondent de prime abord aux intérêts des entreprises avant les intérêts des populations. Le fardeau des impôts, des taxes et des intérêts sur les dettes au service des industriels nous étouffe et nous écrase. Il faut taxer, toujours taxer, encore taxer ! Il faut emprunter, toujours emprunter, encore emprunter ! Les dettes et les taxes augmentent de manière dramatique tandis que le contribuable et le débiteur s'appauvrissent. Les dépenses gouvernementales pour le redressement des entreprises en difficulté, les subventions pour contenir l'inflation des prix des produits alimentaires, le secours direct aux nécessiteux ne cessent de croitre. Les salariés gémissent sous le poids des taxes et des impôts. Les citoyens sans emploi hurlent parce qu'ils n'arrivent pas à couvrir leurs besoins en nourriture, en vêtements et en soins de santé. Cinq cent mille personnes environ travaillent sur une population d'environ seize millions d'habitants au Sénégal. Il faut que cette majorité de sans emploi trouvent de quoi manger, se vêtir et se loger. Pour faire face à ses obligations ou combler son déficit fiscal, l'État émet des titres obligataires qui sont achetés surtout par le système bancaire, donc qui sont, en réalité, des dettes à payer par des taxes. On hypothèque ainsi l'avenir de générations et de générations d'individus pour s'adapter à une politique économique et sociale dépassée par la réalité. On est pris dans le piège du cercle vicieux. Les besoins des populations de plus en plus déshéritées s'accroissent alors que l'État fiscal s'embourbe dans ses réformes et dans ses stratégies inefficaces. Les gouvernants n'ont de perspective que de continuer à emprunter de l'argent qui asservit toute la nation au système bancaire privé. Le remboursement de la dette publique a pour conséquence l'augmentation des taxes. La dette par tête d'habitant ne cesse d'augmenter. Combien de nouvelles dettes faudrait-il contracter pour se débarrasser de nos dettes courantes ? La dette ne sera jamais payée. Vouloir payer la dette, c'est vouloir se protéger du froid en se déshabillant ! Nous sommes dans un cercle vicieux. Quand nos experts expliquent le pourquoi on est arrivé là, ce qu'ils disent n'a de sens que pour leurs propres oreilles. La nation doit-elle espérer une amélioration de ses conditions d'existence lorsque son gouvernement recourt à des émissions d'obligations pour financer des programmes d'infrastructures ? Est-ce en s'endettant de plus en plus, en hypothéquant l'avenir de générations et de générations de jeunes entre les mains des banques privées que nous allons assurer la sécurité économique des populations ?

Tout le progrès technique est inutile si nous ne pouvons pas jouir de ces fruits à cause d'un pouvoir d'achat borné. Le progrès technique et scientifique est un cadeau de Dieu pour libérer l'humanité des peines d'Adam et d'Eve. La machine économique merveilleuse qui nous procurait tant de fierté n'est-elle pas absurdement en panne ? La production souffre de la distribution et de la consommation en dépit de l'existence des besoins et des désirs inassouvis. Il faut un pouvoir d'achat suffisant en complément des salaires pour résoudre cette contradiction. La rubrique du pouvoir d'achat, sous forme de revenu de base généralisé, telles les rubriques des infrastructures, des salaires publics, de l'éducation, de la santé, etc. doit figurer dans le budget. **Ce dernier doit prendre en charge, sans conditions, le financement de ce pouvoir d'achat supplémentaire oh combien légitime**

pour améliorer la qualité de vie des citoyens dans la société.

Le modèle budgétaire actuel est malade et inefficace du point de vue de la répartition des ressources, c'est-à-dire de la distribution et de la redistribution mais aussi et surtout du point de vue de son financement. L'État doit jouer parfaitement et activement son rôle financier, économique et social.

Il est opportun de réconcilier l'État fiscal et l'État financier pour le bonheur de toute la nation. La combinaison de la création monétaire par l'État, de l'appropriation publique de l'argent neuf et de la fiscalité ne fera que renforcer le pouvoir financier de l'État en le protégeant contre l'endettement excessif et les déficits budgétaires chroniques.

TROISIEME PARTIE

LE MODELE « *UN CITOYEN, UN REVENU* » : PRINCIPES FONDAMENTAUX ET JUSTIFICATIONS

Le modèle de distribution et de redistribution de la richesse nationale par nos États obéit à des critères qui ont abouti à la crise de l'État providence protecteur des couches faibles et vulnérables. L'État devient l'État des entreprises mais aussi des salariés qui profitent des hausses de salaire, des remises d'impôts, qui jouissent de la couverture sanitaire, … au détriment de la grande masse des non-salariés. Au Sénégal, la pauvreté est liée aux inégalités dans la distribution de la santé, de l'éducation, de la justice, de la sécurité, des infrastructures routières, de la propriété foncière, de l'emploi, du pouvoir d'achat, des opportunités, des possibilités,…. mais également à leur inégal accès. Pour réduire les effets de ces inégalités, le projet ***« un citoyen, un revenu »*** propose une révolution de la redistribution à travers cinq opérateurs qui démocratisent l'accès au pouvoir d'achat, aux soins de santé, à l'enseignement supérieur, à l'énergie et au capital. Le modèle propose les cinq opérateurs structurants démocratiques suivants:

- Le revenu de base généralisé (**RBG**) ou la démocratisation de l'accès au pouvoir d'achat.
- L'assurance maladie obligatoire (**AMO**) ou la démocratisation de l'accès aux soins de santé et aux médicaments.
- La bourse universelle (**BUB**) pour les étudiants ou la démocratisation de l'accès à l'enseignement supérieur.

- L'éclairage par le solaire photovoltaïque (**ESP**) ou la démocratisation de l'accès à l'énergie.
- Le fonds d'investissement et de garantie associé à un actionnariat populaire (**FIGAP**) ou la démocratisation de l'accès au capital.

La pertinence et le réalisme de ces opérateurs se trouvent dans leur enracinement dans les besoins sociaux et économiques fondamentaux des populations.

La conception et l'élaboration du modèle s'appuient sur une approche et une démarche méthodologique et stratégique structurées autour de concepts, de principes et de critères qui encadrent l'action et la réflexion en vue de leur assurer une sécurité et une qualité d'expression mais aussi et surtout une garantie d'efficacité.

Chapitre 1 :

Démarche et approche méthodologique

a) Démarche méthodologique

a.1) Le modèle du projet ***« un citoyen, un revenu »***, contrairement aux autres en vigueur, est un modèle patriotique qui cible le citoyen (sénégalais), le ménage et l'entreprise nationale. Il s'appuie pour son élaboration sur deux concepts: **le concept d'irradiation et le concept de système dynamique autonome accoudés à quatre principes et trois critères.**

- **Les concepts**

Le concept d'irradiation est fondé sur l'analyse des besoins du ménage corrélée à la promotion sociale et économique des populations mais aussi et surtout à la promotion de l'État de droit. En irradiant par ses effets induits tous les secteurs, le système d'opérateurs exprime un fort potentiel de transformation sociale, économique et démocratique. L'irradiation crée un environnement d'émergence pour chaque citoyen par ses impacts sur la demande sociale et économique. Elle répond aux besoins fondamentaux des masses tels que se loger, se vêtir, se nourrir, s'instruire, se soigner.

Le concept de système dynamique autonome vise à affranchir l'État et les populations des contraintes de financement des opérateurs par une dynamique d'autonomisation financière à court, moyen ou long terme. Tous les opérateurs sont conçus pour atteindre, dans une durée plus ou moins longue, leur autonomisation financière, garantie de leur durabilité.

a.2) Toute action ou pensée politique doit obéir à des principes et des critères qui la balisent, l'orientent et la crédibilisent. Ainsi, la réflexion et la pratique politique à la base de cette stratégie seront guidées par quatre principes et trois critères.

- **Les principes**

LE PRINCIPE DE JUSTICE SOCIALE ou l'égalité des citoyens face aux risques sociaux.

LE PRINCIPE DE DEMOCRATIE ou l'égalité en droits (l'accès universel au pouvoir d'achat, aux services de santé, d'éducation, à l'énergie et au capital,…).

LE PRINCIPE DE SOLIDARITE ou le financement des besoins fondamentaux par le budget qui représente l'expression de la solidarité nationale.

LE PRINCIPE DE BONNE GOUVERNANCE ou la rationalisation, l'optimisation, l'efficacité administrative et l'unité administrative des dépenses publiques.

- **Les critères**

LE CRITERE DE FAISABILITE ou le réalisme des opérateurs

LE CRITERE D'EFFICACITE ET D'EFFICIENCE ou la pertinence des opérateurs

LE CRITERE DE DURABILITE ou la pérennité des opérateurs

b) Approche méthodologique

- **Qu'est-ce que le projet *« un citoyen, un revenu »*?**

Le projet ***« un citoyen, un revenu »*** est un concept d'investissement social et économique doublé d'un concept social et politique de transfert financier qui se présente comme une nouvelle approche stratégique et dynamique

- de la demande sociale,
- de la réduction de la pauvreté,
- du développement,
- et de la bonne gouvernance,

fondée sur une analyse des besoins fondamentaux du ménage et qui vise la sécurité économique et la protection sociale des populations. Elle s'appuie sur trois objectifs économiques fondamentaux :

- la réduction des prix à l'intérieur et à l'extérieur du pays ou la compétitivité
- la réduction de la dette publique intérieure voire extérieure
- la distribution du pouvoir d'achat sur tout le territoire national.

Chapitre 2 :

Justification et principes fondamentaux

Le projet *« un citoyen, un revenu »* se justifie par sa résonance avec les fondements philosophiques, sociaux, juridiques, culturels, éthiques, démocratiques et économiques du service public et du développement. Il s'assoie sur ces fondamentaux, s'y enracine et y puise ses ressources.

a) LES FONDEMENTS PHILOSOPHIQUES

- **capital social et dividende citoyen ou social**

La philosophie qui justifie et fonde le droit au revenu de base généralisé (RBG) est logique et pertinente donc rationnelle. En effet, le progrès culturel, social et économique accumulé de génération en génération au cours de l'histoire est la manifestation d'acquisitions intellectuelles, techniques et scientifiques transmises à chaque génération qui les revalorise en les améliorant et les renouvelant afin de les léguer aux générations futures. Nous sommes tous des acteurs directs ou indirects plus ou moins lointains de ces acquis historiques. Ils représentent un capital qui constitue un intrant essentiel de toute la production culturelle, sociale et économique de nos sociétés. Ce progrès, résultat du génie inventif des générations successives, est un fruit à partager entre nous tous. C'est le capital social que nous possédons en commun.

Tout article créé met à profit les découvertes des générations passées. Tous nos produits et nos idées sont chargés de ce bien incommensurable et anonyme. La télévision, le téléphone, l'avion, les autoroutes, les voitures, l'électricité, les montres et radios sont des concentrés et des manifestations du génie culturel de nos ancêtres. Cette ressource incorporée dans la production comme le capital n'est jamais comptée, voire valorisée, car elle est toujours ignorée dans la comptabilité. C'est un investissement incolore, insaisissable et invisible accordé par toute la société à toutes les entreprises. Il représente un capital réel à côté du capital financier prêté par les banques et pris en compte dans la comptabilité des entreprises. Ce capital anonyme appartient à tous les membres de la société. Il est composé des actions détenues par tous les citoyens dans le capital de n'importe quelle entreprise. Nous sommes les propriétaires de ce capital réel intensivement productif. Nous sommes donc tous des actionnaires dans toutes les entreprises. Toutes les inventions, les connaissances et les idées acquises et transmises d'une génération à l'autre et les richesses naturelles constituent le plus gros facteur de production de la nation. Elles appartiennent à toute la société. La capacité de production d'un pays dépend remarquablement de ce facteur de production qui représente un capital social détenu par l'ensemble des citoyens. Autant un capitaliste qui a placé son capital dans une entreprise (une action) a droit au partage du profit (même s'il ne participe pas directement à la production), autant chaque citoyen a droit à une part du profit grâce au capital social. Nous avons tous contribué d'une manière ou d'une autre aux découvertes et aux inventions qui ont marqué l'histoire de l'humanité, tel l'enseignant qui renouvelle et transmet les connaissances aux nouvelles générations. Nous sommes les héritiers du capital social investi dans la production moderne caractérisée par la technique et la technologie. Une partie de la richesse mondiale résulte indéniablement de ce capital social. Une part des fruits de cette production nous revient légitimement. Le chômeur, le salarié, l'esclave aux USA ainsi que le milliardaire a droit, à titre égal, à ce dividende social. Tout être humain a droit à cette richesse, indépendamment de son activité rémunérée. C'est un droit fondamental qui nous permet concrètement d'accéder à une part des biens de la terre. Aucun autre droit ne peut le remettre en cause. Un tel droit individuel n'est ni incompatible avec le salaire ni avec le dividende de l'actionnaire ni avec tout autre revenu. Nous ne sommes pas pauvres, nous sommes tous riches de ce droit. **Le citoyen-consommateur africain réclame ce droit à un dividende, le RBG, issu du placement de son capital social.**

- **Le salaire, unique mesure de la dignité de travail**

Le revenu de base généralisé remet en cause la notion de travail couplée au salaire. Dans notre système, seul travaille l'employé salarié. On considère que la ménagère qui se lève à 7 heures, balaie sa maison, prépare le petit-déjeuner, le déjeuner, le diner et éduque les enfants ne travaille pas tandis que le cuisinier ou la cuisinière qui fait la même activité dans un hôtel ou un restaurant est censé travailler. Celui-là fait gagner à un individu et un seul, son patron, des millions de francs en profits alors que celle-ci participe à la construction de la société en nourrissant et en éduquant des enfants qui sont l'espoir et l'avenir de l'humanité outre le fait qu'elle met parfois à l'aise son mari et d'autres habitants de la maison. Le revenu de base généralisé rétablit la justice en corrigeant cette imperfection. Il reconnait à toute activité d'utilité sociale une valeur économique ou marchande, donc la dignité de travail. Aussi se présente-t-il comme une récompense ou une compensation au travail non salarié sans prétendre à une rémunération difficilement quantifiable.

a) LES FONDEMENTS JURIDIQUES, ETHIQUES, SOCIAUX ET CULTURELS

Le projet « **un citoyen, un revenu** » s'enracine dans les principes de la constitution sénégalaise et du droit universel. Il prévient les risques sociaux de précarité et de vulnérabilité liés à la maladie, à la pauvreté, à la vieillesse, à l'invalidité, au chômage, à la retraite, etc… Il incarne notre esprit culturel de partage et de solidarité.

La constitution sénégalaise en ses articles 7, 8, 17, 21 et 22 de son titre II, reconnait les droits sociaux, culturels et économiques de la personne. Elle postule :

Article 7

La personne humaine est sacrée. Elle est inviolable. L'État a l'obligation de la respecter et de la protéger.

Tout individu a droit à la vie, à la liberté, à la sécurité, au libre développement de sa personnalité, à l'intégrité corporelle notamment à la protection contre toutes mutilations physiques.

Le peuple sénégalais reconnaît l'existence des droits de l'homme inviolables et inaliénables comme base de toute communauté humaine, de la paix et de la justice dans le monde.

Tous les êtres humains sont égaux devant la loi. **Les hommes et les femmes sont égaux en droit.**

La loi favorise l'égal accès des femmes et des hommes aux mandats et aux fonctions.

Il n'y a au Sénégal ni sujet, ni privilège de lieu de naissance, de personne ou de famille.

Article 8

La République du Sénégal garantit à tous les citoyens les libertés individuelles fondamentales, les droits économiques et sociaux ainsi que les droits collectifs. Ces libertés et droits sont notamment :

- Les libertés civiles et politiques : liberté d'opinion, liberté d'expression, liberté de la presse, liberté d'association, liberté de réunion, liberté de déplacement, liberté de manifestation,

- les libertés culturelles,
- les libertés religieuses,
- les libertés philosophiques,
- les libertés syndicales,
- la liberté d'entreprendre,
- le droit à l'éducation,
- le droit de savoir lire et écrire,
- le droit de propriété,
- le droit au travail,
- le droit à la santé,
- le droit à un environnement sain,
- le droit à l'information plurielle,

Ces libertés et ces droits s'exercent dans les conditions prévues par la loi.

Article 17

Le mariage et la famille constituent la base naturelle et morale de la communauté humaine. Ils sont placés sous la protection de l'État.

L'État et les collectivités publiques ont le devoir de veiller à la santé physique et morale de la famille et, en particulier, des personnes handicapées et des personnes âgées.

L'État garantit aux familles en général et à celles vivant en milieu rural en particulier l'accès aux services de santé et au bien-être. Il garantit également aux femmes en général et à celles vivant en milieu rural en particulier, le droit à l'allègement de leurs conditions de vie.

Article 21

L'État et les collectivités publiques créent les conditions préalables et les institutions publiques qui garantissent l'éducation des enfants.

Article 22

L'État a le devoir et la charge de l'éducation et de la formation de la jeunesse par des écoles publiques.

Tous les enfants, garçons et filles, en tous lieux du territoire national, ont le droit d'accéder à l'école.

Les institutions et les communautés religieuses ou non religieuses sont également reconnues comme moyens d'éducation.

Toutes les institutions nationales, publiques ou privées, ont le devoir d'alphabétiser leurs membres et de participer à l'effort national d'alphabétisation dans l'une des langues nationales.

La Déclaration universelle des droits de l'Homme de 1948, en ses articles 3, 22, 25, 26 et 28, reconnait ces droits sociaux, culturels et économiques. Elle postule :

Article 3 :

Tout individu a droit à la vie, à la liberté et à la sûreté de sa personne.

Article 22 :

Toute personne, en tant que membre de la société, a droit à la sécurité sociale; elle est fondée à obtenir la satisfaction des droits économiques, sociaux et culturels indispensables à sa dignité et au libre développement de sa personnalité, grâce à l'effort national et à la coopération internationale, compte tenu de l'organisation et des ressources de chaque pays.

Article 25 :

1. Toute personne a droit à un niveau de vie suffisant pour assurer sa santé, son bien-être et ceux de sa famille, notamment pour l'alimentation, l'habillement, le logement, les soins médicaux ainsi que pour les services sociaux nécessaires; elle a droit à la sécurité en cas de chômage, de maladie, d'invalidité, de veuvage, de vieillesse ou dans les autres cas de perte de ses moyens de subsistance par suite de circonstances indépendantes de sa volonté.

2. La maternité et l'enfance ont droit à une aide et à une assistance spéciale. Tous les enfants, qu'ils soient nés dans le mariage ou hors mariage, jouissent de la même protection sociale.

Article 26 :

1. Toute personne a droit à l'éducation. L'éducation doit être gratuite, au moins en ce qui concerne l'enseignement élémentaire et fondamental. L'enseignement élémentaire est obligatoire. L'enseignement technique et professionnel doit être généralisé; l'accès aux études supérieures doit être ouvert en pleine égalité à tous en fonction de leur mérite.

2. L'éducation doit viser au plein épanouissement de la personnalité humaine et au renforcement du respect des droits de l'homme et des libertés fondamentales. Elle doit favoriser la compréhension, la tolérance et l'amitié entre toutes les nations et tous les groupes raciaux ou religieux, ainsi que le développement des activités des Nations Unies pour le maintien de la paix.

3. Les parents ont, par priorité, le droit de choisir le genre d'éducation à donner à leurs enfants.

Article 28 :

Toute personne a droit à ce que règne, sur le plan social et sur le plan international, un ordre tel que les droits et libertés énoncés dans la présente Déclaration puissent y trouver plein effet.

b) LES FONDEMENTS DEMOCRATIQUES

La démocratisation de l'accès universel des populations aux services de santé, aux services de l'enseignement supérieur, aux services financiers, aux services énergétiques et au pouvoir d'achat exprime, plus que toute autre forme, de la démocratie électorale en vigueur, la qualité démocratique de notre État de droit. La démocratie n'est pas seulement une élection et une reconnaissance fictive des droits individuels, elle est beaucoup plus une lutte permanente contre les inégalités et leurs conséquences néfastes.

c) LES FONDEMENTS ECONOMIQUES

La diminution des prix à l'intérieur et à l'extérieur du pays relève le défi de la compétitivité, la réduction de la dette publique minimise voire efface le déficit budgétaire et accroit les possibilités d'interventions économiques et sociales de l'État, la distribution d'un pouvoir d'achat sur tout le territoire national transforme chaque point du pays en marché, elle tire la consommation et la production. Le projet « **un citoyen, un revenu** » contribue au total à la croissance économique. Ces résultats attendus de la mise en œuvre du projet « **un citoyen, un revenu** » constituent les fondements de « l'économicité » du modèle.

QUATRIEME PARTIE

LES OPERATEURS DU MODELE *« UN CITOYEN, UN REVENU »*

Chapitre 1 :

Le Revenu de Base Généralisé (RBG)

Le revenu de base généralisé (RBG) est une allocation universelle mensuelle qu'un État verse à chaque citoyen sans condition. Il se décline sous plusieurs appellations (impôt négatif, allocation universelle, revenu social garanti, revenu de base inconditionnel, revenu de transition,…) soutenues par des justifications philosophiques et idéologiques différentes [8, 9].

Nous avons à reconnaitre, d'ores et déjà, que l'instauration du RBG relève d'une nécessité historique dictée par le progrès technique réalisé grâce aux logiques libérales du marché. Les outils et solutions technologiques acquis historiquement par l'humanité libèrent de plus en plus l'homme du travail au lieu de le soumettre à un chômage dépravant et liberticide ou à un salariat esclavagiste.

Le revenu de base généralisé ou universel est la forme ultime de la liberté dans notre société hypercapitaliste contemporaine. Quiconque se réclamant du libéralisme en tant que doctrine politique centrée sur la liberté doit reconnaitre le revenu de base comme une condition incontestable de liberté. Il satisfait aussi en partie l'idéal communiste qui consiste à permettre à chacun « de vivre selon ses besoins», donc selon les biens nécessaires à sa vie avec un pouvoir d'achat adéquat. On dirait une voie libérale vers le communisme, une société que Karl Marx « imagine débarrassée du salariat où les machines seules assureraient la création de richesses qui seraient reversées sous la forme d'un « **revenu socialisé universel** » et où la distribution des moyens de paiement devra correspondre au volume de richesses socialement produites et non au volume du travail fourni. C'est une société de partage du temps de travail où tout le monde possède un salaire à vie[3]».

Toutefois, la revendication d'un revenu universel ne doit pas, selon les marxistes, détourner le mouvement social du véritable enjeu de la lutte des classes qui se trouve être l'affranchissement des salariés du joug du pouvoir économique qui les opprime et les affaiblit. La lutte pour la réduction du temps de travail et contre la pauvreté suivie de l'expropriation du capital et le contrôle de la production socialement utile et écologiquement responsable par les travailleurs, sont des conquêtes nécessaires pour accomplir la transition vers le socialisme[4]. Les marxistes craignent que l'octroi d'un revenu de base aux plus démunis risque de leur faire renoncer à se battre pour le juste partage du gâteau en se contentant de quelques miettes.

Le plein-emploi aurait été impossible pendant les trente glorieuses si le mouvement ouvrier s'était focalisé sur une allocation universelle (des miettes) en abandonnant le combat pour la répartition des gains de productivité sous forme de hausses de salaires directs et indirects et de réduction du temps de travail. Le revenu de base universel réduirait certes les inégalités de revenus mais pourrait aggraver la situation de bon nombre de ses bénéficiaires en les piégeant dans une situation de précarité.

Dans le capitalisme la contradiction principale oppose les propriétaires du capital et ceux qui n'ont rien d'autre que leur force de travail à vendre. Ils représentent, selon Marx, deux classes dont les positions déterminent leur part dans le partage du gâteau. Le mode de production capitaliste caractérisé par une propriété privée des moyens de production et un travail salarié se traduit nécessairement par une répartition inégale du revenu. « Toute répartition des

---

[3] Die Grundrisse

[4] Marx, dans l'Idéologie allemande

objets de consommation n'est que la conséquence de la manière dont sont distribuées les conditions de la production elles-mêmes ». Par conséquent, « réclamer une rémunération plus égale sur la base du système salarial, c'est comme réclamer la liberté sur la base de l'esclavage[5] ». En outre, l'aliénation du travail est un problème fondamental dans le mode production capitaliste qui ne peut pas être résolu par de simples améliorations dans la répartition du revenu. « Un salarié d'Amazon est autant dépossédé de son travail que son salaire soit 50 ou 10 dollars de l'heure». **L'expropriation du capital, le contrôle de la production par les travailleurs et la désaliénation du travail ne peuvent alors être réalisés que par l'abolition de la propriété privée des moyens de production** mais non par une quelconque amélioration de la répartition des revenus, serait-ce avec un revenu de base universel. **Ce qui importe à Marx c'est donc l'abolition des classes qui est l'unique façon de mettre fin à l'inégale répartition des revenus mais pas le revenu de base.** Il est inutile de se focaliser sur la répartition équitable du revenu tant que certaines personnes ont la possibilité de profiter du salariat en faisant travailler d'autres. L'attribution des conditions matérielles de production sous la forme de la propriété du capital et de la propriété des terres aux non-travailleurs conduit inévitablement la masse des salariés qui n'ont que la force de travail à subir les défauts de la distribution des richesses.

Néanmoins, on doit souligner que le rôle redistributif de l'actuel Etat-providence sous la pression de la demande sociale due aux acteurs sociaux peut corriger les effets néfastes de l'inégale distribution des revenus de telle sorte que le seul mode de production ne détermine cette répartition. La lutte pour obtenir de bonnes conditions de travail, des augmentations de salaires, la réduction du temps

---

[5] Marx, Salaire, Prix et Profit.

de travail, une protection sociale digne de son nom est parfaitement compatible avec la revendication d'un revenu de base pour une transition écologique et sociale vers le socialisme et le communisme qui préfigurent l'existence d'institutions plus justes mais aussi la future société de collaboration, de liberté et de solidarité. En attendant la disparition du salariat, il nous faut financer cette innovation sociale (revenu de base généralisé) dans le cadre d'une réforme fiscale inspirée d'une justice sociale qui améliore le rendement des prélèvements en séparant le financement de la prestation universelle de celui de la prestation liée au travail.

L'acceptation du RBG progresse lentement mais surement dans les mentalités des politiciens de gauche comme de droite. Ils en parlent de plus en plus pour faire face à la crise économique, à la hausse du chômage voire à la baisse du pouvoir d'achat. L'engagement de mouvements socialistes, libéraux et chrétiens mais aussi d'intellectuels de toute obédience pour le triomphe du RBG prouve sa pertinence universelle qui transcende toutes les idéologies.

Il se présente sous différentes formes, dénominations ou appellations selon les pays, les courants d'idées et les motivations des protagonistes. Il peut se décliner sous forme de sommes versées avec des montants, des périodicités et des cibles variés (Bourse de sécurité sociale trimestrielle, RBG mensuel, ...). Certaines aides et cotisations sociales (telles que les allocations chômage, les aides à l'emploi, les allocations familiales, les aides au logement, à la formation professionnelle, ...) pourraient être intégrées et prises en compte dans le RBG.

L'explosion du financement de la protection sociale (surtout en Europe) ne devrait-elle pas justifier et légitimer l'avènement du revenu de base plus réaliste, plus rationnel, plus pertinent bref plus démocratique ? La France consacre près de 60% des dépenses publiques à la protection sociale. Dieter Althaus (CDU), l'ancien président du conseil des ministres de Thuringe affirme, selon son modèle de calcul, que l'allocation universelle en Allemagne serait moins coûteuse pour les finances publiques que le système de protection sociale actuel. Elle coûterait annuellement à l'État 583 milliards d'euros face à l'actuel système d'aide sociale qui coûte 735 milliards [10].

Ne faudrait-il pas ajouter qu'un RBG mensuel distribué à tous et à chacun des membres de la société de manière inconditionnelle exige moins de bureaucratie. La protection sociale en vigueur, source de déficit public, n'a pu ni réduire la pauvreté ni endiguer le chômage. Le système de protection sociale, vieux de plusieurs décennies, financé par un déficit public chronique, ne prévient ni contre la pauvreté ni contre le chômage endémique qui fragilisent la société occidentale.

Tous les analystes économiques et politiques sont persuadés que pour retrouver leur vitalité, les marchés ont besoin non pas de recettes techniques de réduction des dépenses publiques ou d'augmentation des impôts et des taxes, difficilement supportables pour les acteurs économiques, mais d'une vraie vision à long terme de l'organisation rationnelle et optimale des dépenses publiques. Accompagné de réformes institutionnelles et administratives appropriées, le RBG devrait fournir au contraire des effets économiques et sociaux plus dynamiques. Il constitue une réponse plus intéressante fondée sur une logique de rationalisation, d'optimisation, d'unicité et d'efficacité administrative en faveur des dépenses publiques. Le RBG, soit dit en passant, renforce la liberté de l'ouvrier et sa capacité à se défendre contre le capital oppressant.

Le chômage devient chronique et le nombre de travailleurs requis pour la production va continuer vraisemblablement à décroître au fil des années. Les progrès techniques et scientifiques réduisent de plus en plus le volume de l'intrant force humaine dans la production de sorte qu'il n'existe plus de travail rémunéré pour occuper tout le monde. La machine est entrée dans la production pour y demeurer. Le système de production sera de plus en plus mécanisé et automatisé. La calamité du chômage est le résultat à payer pour le succès de nos capacités à dominer et à transformer la nature selon nos volontés et nos désirs. Le chômage ou la disparition du travail salarié se présente comme une conséquence inévitable du progrès, une fatalité. Nous avons donc à faire face à un problème de manque de revenus lié à la rareté structurelle d'emplois salariés. Il faudra bien compenser ce déficit du pouvoir d'achat. Nous avons donc moins à trop nous préoccuper d'une création utopique d'emplois salariés que de revenu universel ou pouvoir d'achat universel accessible à tous les citoyens.

Il est désormais nécessaire d'adapter la fonction de notre système économique de distribution et de notre système financier à ce nouveau défi. « Rejeter notre libération par le progrès technique, c'est abandonner la civilisation pour la barbarie, n'est-ce pas un non-sens social, économique et démocratique ». Faudrait-il nous punir de notre progrès ? Devrions-nous souffrir de nos propres succès ? Le progrès technique affranchit l'homme du labeur et des peines en favorisant son temps de loisir et de création. Il stimule et produit l'abondance tout en supprimant le travail pénible. Mais nous persistons à croire paradoxalement que nul ne doit vivre sans salaire. La mission du système économique n'a jamais été de fournir du travail salarié mais plutôt de garantir des services et des biens à consommer.

Le salaire n'est d'ailleurs apparu que très tardivement dans le système économique ! Notre devoir

est de transformer en bénédiction divine le progrès technique et scientifique. Ainsi, l'automatisation de l'emploi, qui en tant que facteur de productivité, doit libérer l'ouvrier des heures de travail au lieu de le renvoyer au chômage et la désaliénation du travail qui permet au citoyen de se réapproprier le fruit de son travail participent à juste titre à justifier l'existence d'un revenu de base [11]. L'intérêt du revenu de base consiste à favoriser les effets redistributifs de la fiscalité en général et surtout d'une fiscalité écologique et de celle de la consommation ainsi qu'à concilier les effets d'une politique d'austérité qui réduit l'ensemble des revenus disponibles pour la consommation (blocage des salaires, recours à l'impôt, restrictions de crédits, …) et la relance économique keynésienne.

Le financement du revenu de base exige des réformes fiscales : la suppression des dépenses fiscales, le prélèvement à la source pour des services sociaux efficaces, l'intégration de la bourse de sécurité sociale, des fonds de la CMU, ….

Le monde compte des pays entiers qui souffrent de la pauvreté et du sous-développement. Des citoyens mal logés, mal nourris et mal soignés peuplent les rues de leurs villes et villages. Le chômage des jeunes, l'exode rural et l'émigration clandestine suicidaire écrivent en lettres de sang les souffrances et les peines d'une jeunesse désespérée de la vie. Le spectacle désolant des taudis, du transport, des marchés, du paysage urbain, social et économique de ces pays renvoie à un décor répugnant qui secoue les cœurs les plus insensibles. Cette réalité tragique marque un contexte national caractérisé par des crises de toutes sortes. Crises morales, crises économiques, crises sociales et crises politiques se donnent rendez-vous. L'environnement international fondé sur un ordre économique, commercial et technologique inégal ne cesse d'aggraver cette dégradation des conditions de vie de la majorité misérable. Le versement à toute la population d'un revenu de base généralisé (RBG) est un moyen qui peut leur permettre de sortir de la spirale infernale du marasme social et économique qui les étouffe. Il apaiserait les souffrances de millions de sénégalais et d'africains en proie aux soucis, à la faim, à la maladie et qui supportent le fardeau d'une existence marginale. La pauvreté céderait sa place à la sécurité économique.

Le RBG est un droit inaliénable acquis dont profiteraient tous les citoyens de toutes les conditions, de tous les âges et de tous les temps, bref nos fils et nos petits-fils. Il ne s'agit plus d'abandonner les citoyens pâtir dans les mailles des inégalités, du chômage et de la pauvreté. **Il faut dorénavant assurer à la nation toute entière un accès universel au pouvoir d'achat.** Le modèle « un citoyen, un revenu » dont le RBG est le véhicule, correspond à une réforme radicale de notre système social voire économique. Ce projet est au cœur d'une technologie politique implémentée au moyen de cinq opérateurs démocratiques qui constituent un système d'exploitation adapté pour vaincre la pauvreté, les inégalités sociales et économiques. Ces opérateurs sociaux et économiques représentent des outils techniques de transformation pour satisfaire les besoins fondamentaux des populations que sont : se nourrir, se vêtir, se soigner, s'instruire, se loger. Cependant, le RBG pourrait faire partie des droits dont la conquête peut s'inscrire dans la durée à l'image de la sécurité sociale. Toutefois, le succès est au bout de notre détermination et de notre volonté car « autant le suffrage universel fut l'aboutissement d'une longue lutte pour les droits politiques, autant le revenu de base généralisé sera le point culminant de la longue lutte en faveur des droits sociaux ».

A. HISTOIRE DU REVENU DE BASE GENERALISE

Le revenu de base est un concept dont la pratique remonte à plus de treize siècles. Le premier Calife de l'Islam, Abou Bakr As-Siddiq, avait décidé, déjà au 7ème siècle, d'octroyer chaque année à tous les habitants de son Empire une somme de dix dirhams. Il met ainsi en place l'un des premiers exemples de revenu de base !

De nombreux intellectuels et hommes politiques se sont laissés séduire par le concept au cours des siècles [8, 9, 10]. Il sera défendu par les Humanistes du 16ème siècle tel que Thomas More dans L'*Utopie*, publié en 1516, par Thomas Spence et par le révolutionnaire américain Thomas Paine à la fin du XVIIIe siècle mais également par bien d'autres. Le belge Joseph Charlier, proche de Charles Fourier du mouvement des socialistes utopiques du XIXe siècle, suggère en 1848 un revenu universel à travers son ouvrage intitulé *« Solution du problème social ».* Le philosophe britannique Bertrand Russell dans *Roads to Freedom* (1918) défend l'idée d'un revenu de base en tant qu'outil de justice sociale. Dans sa seconde édition des *Principes d'économie politique,* l'utilitariste John Stuart Mill a défendu l'idée d'une allocation universelle. L'ingénieur Clifford Hugh Douglas a défendu l'idée sous le nom de *crédit social* ou *dividende social* en 1920. L'économiste américain Robert Theobald, propose en 1964 de verser annuellement un revenu aux américains afin de plaider la nécessité d'une « sécurité économique de base » tandis que les économistes James Tobin et John Kenneth Galbraith participent activement à la campagne présidentielle du candidat démocrate George McGovern en 1972 afin de l'encourager à incorporer une proposition de revenu universel annuel dans son programme [10]. Le prix Nobel d'économie, le néo-libéral Milton Friedman, propose un « impôt négatif », une modeste garantie de revenu, qui remplace tous les programmes sociaux. Enfin, le candidat Benoît Hamon propose un revenu universel aux élections présidentielles de 2017 en France et en 2022 la candidate du Rassemblement National, Marie Le Pen, propose un revenu de base de 200 EUR pour tous les français. Marc Zuckerberg, l'actuel PDG de Facebook, devient un ardent défenseur du revenu de base.

Présentement, des identités intellectuelles remarquables ont rallié l'idée en relançant les travaux sur le revenu de base universel : le philosophe André Gorz en France, le philosophe Philippe Van Parijs et Yannick Vanderborght en Belgique, l'économiste Thomas Piketti et Michel Foucault pour qui le revenu de base, permettrait de se libérer du contrôle social étatique et aliénant. L'Association pour l'instauration d'un revenu d'existence a été fondée en 1985 par les économistes français Yoland Bresson et Henri Guitton. Un réseau européen (Basic Income European Network), voire mondial (Basic Income Earth Network) de chercheurs sur le revenu de base a été créé par Yoland Bresson et Philippe Van Parijs. Le Mouvement français pour le revenu de base (MFRB), créé en mars 2013, s'engage dans le mouvement mondial en faveur du revenu de base pour transformer « l'utopie » en réalité. Le revenu universel vient de gagner un prestigieux défenseur, à l'image de l'actuel Pape de l'Eglise.

Il est appliqué de nos jours dans certains pays du monde, particulièrement ceux riches en pétrole. Le gouvernement de l'Alaska verse le « Permanent Fund Dividend » chaque année à tous ses habitants depuis 1976. L'État iranien redistribue à ses citoyens une partie des revenus du pétrole tous les mois depuis 2010. **Il faut noter que la majorité écrasante des bénéficiaires en Alaska approuvent ce dividende contrairement à ceux qui le dénoncent comme une prime à la paresse et au parasitisme sans l'avoir jamais expérimenté.**

Son champ d'application couvre aussi le Brésil, le Sénégal, les États-Unis et Macao tandis que son champ d'expérimentation ou de projet est en train de s'étendre sur tous les coins de la planète. On trouve des expérimentations au Canada, aux États-Unis, en Finlande, en France, en Inde, en Israël, au Kenya, au Koweït, en Namibie, en Ouganda, au Royaume-Uni, en Espagne et des projets au Brésil, en Irak, au Pays-Bas, en Suisse et dans l'Union européenne.

Le revenu de base est défendu sous diverses appellations et motivations par des syndicalistes, des universitaires, des militants, des hommes et femmes d'affaires mais aussi par des formations politiques de droite et de gauche, des mouvements sociaux et des organisations non gouvernementales, des altermondialistes autant que par des libéraux néoclassiques. On peut citer au moins huit titulaires du « prix Nobel d'économie » connus qui soutiennent le concept de revenu de base : James Tobin, Herbert Simon, Friedrich Hayek, James Meade, Robert Solow, Milton Friedman, Angus Deaton et Christopher Pissarides.

L'utopie est en train de se muer en mouvement mondial en s'invitant dans les débats et en s'inscrivant dans les programmes des partis politiques dans plusieurs pays.

B. LES VERTUS DU REVENU DE BASE GENERALISE

a) Sortir le social du champ politique

Le RBG doit impérativement être extrait du champ politique pour ne pas faire l'objet de surenchères électoralistes. Il s'agit de rendre l'aide sociale aussi indépendante des partis et du gouvernement que la justice ou la monnaie le sont en principe. La constitution interdirait aux pouvoirs publics, au plan administratif, local comme national, de distribuer des faveurs sociales. La généralisation du revenu de base à tous les citoyens permet de faire sortir le social du champ politique. Elle empêcherait l'instrumentalisation du RBG en faveur d'un clientélisme politique. Désormais chaque citoyen en a droit. Un organisme technique indépendant du gouvernement serait chargé des modalités et des mécanismes de son financement et de sa gestion. Le montant du RBG ne devrait être modifiable que par l'assemblée nationale.

b) Le revenu de base généralisé et la culture de la solidarité africaine

Les faits socioculturels dans notre pays semblent justifier directement ou indirectement le revenu de base généralisé. La culture de la solidarité et du partage dans notre pays a contribué à la stabilité et à la cohésion sociale en renforçant les liens entre les hommes mais aussi et surtout en soulageant la pénibilité de la charge des évènements et des chocs sociaux malheureux. L'émigré qui envoie de l'argent à sa famille au Sénégal, le frère qui soutient sa sœur dans son ménage, l'oncle fonctionnaire qui prend en charge son neveu, qui paie les médicaments de sa sœur malade,.... posent autant d'actes qui, s'ils n'ont pas les mêmes mobiles que le RBG, ont cependant les mêmes effets : le soutien des ménages et l'amortissement des chocs sociaux. Cette solidarité prise en charge par les familles est, dans le contexte du revenu de base généralisé, transférée à l'État démocratique et social moderne.

c) Le RBG et l'économie de l'abondance

Les économistes qui s'opposent au revenu de base généralisé sont restés nostalgiquement et idéologiquement attachés aux principes dogmatiques de l'économie de la rareté. La transition de l'économie de la rareté à l'économie de l'abondance leur a échappé. L'économie est le résultat du couplage de deux termes : la production et la consommation. La trajectoire historique de l'économie a été marquée par l'investissement dans la production pour satisfaire les besoins des populations. Les trente glorieuses de l'après-guerre (1945-1975) ont vu un investissement massif (Plan Marshall) pour relancer la production et les infrastructures. Il ne faut pas l'oublier, la guerre a non seulement détruit le capital humain (des millions de morts) mais aussi et surtout le capital matériel et seul le capital financier privé a été plus ou moins épargné. Cela s'est traduit par un endettement massif des États après la guerre, comme semble le préfigurer cette crise de la COVID-19. Tous les produits étaient en manque car l'appareil de production était détruit. Nous sommes en plein dans l'économie de la rareté. Il fallait commander une voiture six mois avant de l'obtenir. L'économie avait réellement besoin de main-d'œuvre. Il fallait aller en Algérie ou au Maroc pour trouver des travailleurs pour la France, aller en Italie ou en Turquie pour avoir des travailleurs dans les usines allemandes,.... Il fallait donc investir dans la production pour satisfaire les besoins. Investir dans la consommation ne ferait qu'exploser la bulle de l'inflation. La machine de la production s'emballe, on frise le plein emploi, la croissance devient flamboyante, d'où le nom des trente glorieuses. Cette tendance s'est brisé en 1973, le premier choc pétrolier. Néanmoins, l'appareil de production s'est fortifié, il est devenu performant. Les années qui suivent sont marquées par l'abondance de la production due à la maturité technique et technologique de l'appareil de production.

Notre économie contemporaine ne souffre plus de production mais de consommation. Nous sommes en plein dans l'économie de l'abondance. Des voitures qui stationnent dans les parcs automobiles, du lait, du sucre, des tissus, des ordinateurs, ... exposés dans les rayons des supermarchés qui n'attendent qu'un pouvoir d'achat pour gouter au bonheur d'être consommés. Le besoin de les utiliser est là mais le pouvoir d'achat pour se les procurer fait défaut. D'où viendrait-ce pouvoir d'achat ? Investir dans la production signifierait maintenant une surproduction qui provoquerait éventuellement de la déflation. Nous pensons qu'il est économiquement plus sage, plus rationnel et plus pertinent d'investir dans la consommation pour dégager le surplus apparent de production, relancer l'économie et ainsi créer des emplois. Le taux de mortalité élevé des entreprises sénégalaises (65-80%) est plutôt le signe d'un pouvoir d'achat insuffisant plutôt que d'une abondance apparente de l'offre.

L'innovation est aujourd'hui la seule source créatrice d'emplois réels, l'économie classique est saturée. Les technologies de l'information et de la communication ont boosté l'économie en jouant leur partition dans le mouvement de l'innovation. Dans ce monde en plein progrès technique et scientifique, qu'adviendrait-il à la production industrielle et entrepreneuriale sans l'énorme masse d'acheteurs que nous sommes ? Autant une offre sans pouvoir d'achat en face est inutile, autant une demande sans offre abondante est impuissante et inefficace. Par conséquent, sans pouvoir d'achat en face d'une offre abondante, les entreprises périclitent. Les restaurants, les petites entreprises de transfert d'argent qui bordent toutes les rues l'apprennent à leurs dépens. Une croissance soutenue doit reposer sur un niveau élevé de production et de consommation. On entretient cet équilibre par la satisfaction des besoins vitaux du citoyen-consommateur. Il faut donc que les consommateurs aient suffisamment d'argent pour accéder aux produits comme pour faire écho au mot de John Maynard Keynes qui dit « qu'il est prêt à payer des gens pour creuser et boucher des trous » dans le souci de relancer la machine économique.

La protection sociale en vigueur dans les pays européens, surtout dans les pays scandinaves, est constituée par des transferts directs d'argent dans les ménages. Enlever du pouvoir d'achat national ce pouvoir d'achat que représentent ces transferts, vous allez assister à un effondrement de leur économie. Cela montre qu'investir dans la consommation par le RBG n'est pas antiéconomique, mais au contraire renforce le dynamisme du système économique et social. Il est donc clair que la pertinence de l'investissement dans la consommation ou dans la production ne dépend que de l'analyse concrète de la situation économique. Dans le contexte d'une économie d'abondance, le revenu de base généralisé (RBG) jouit d'une pertinence incontestable.

d) Le RBG et le système financier

Le système de monnaie-dette en vigueur provoque en partie un manque de pouvoir d'achat. La mission d'un système bancaire est de financer la production et la distribution. Il ne doit pas se limiter seulement à créer de la dette chargée d'intérêts. **Il doit mettre à la disposition du consommateur un crédit à la hauteur de la capacité de production du pays.** Si une limite justifiée à la satisfaction des besoins élémentaires de la nation devrait exister, elle ne saurait être que la capacité de production du pays. Cette capacité et le potentiel de production sont de nos jours largement en dessous du niveau de nos besoins. Nous sommes malgré nous piégés dans une sous-production et une sous-consommation. Notre sous-consommation n'est que l'expression d'un faible pouvoir d'achat. **Il faut *un fort pouvoir d'achat sous forme de crédit*** pour que la dynamique de la demande s'exprime. Le montant du financement du RBG ne doit reposer que sur le degré de la capacité des producteurs à livrer aux consommateurs les biens et services nécessaires à leurs besoins. Cette stratégie de financement du RBG se justifie par le système de crédit basé sur l'argent neuf qui se confond à l'augmentation annuelle de la masse monétaire qui ne reflète que l'augmentation de la capacité de production du pays. Le RBG pourrait donc se présenter comme un crédit bancaire à taux nul non remboursable pour financer une partie de la production et de la distribution. Le marasme économique et social doit céder ainsi la place à une prospérité permanente assise sur la richesse réelle du pays. La voix du peuple consommateur réclame un régime financier qui assure la sécurité économique pour tous. Le RBG augmente le pouvoir d'achat national (et de chaque citoyen) en s'appuyant sur un système financier juste, efficace et moderne qui prend en charge tous les exclus du système assujettissant la délivrance d'un salaire contre la génération d'une performance.

e) Le revenu de base généralisé et la notion de travail

L'économiste John Maynard Keynes disait « je préfère payer quelqu'un qui creuse un trou le matin et qui revient le combler le soir que donner de l'argent gratuitement ». Ce qui est irrationnel économiquement. Il faut suer pour gagner de l'argent. Il était certainement un idéologue conséquent du libéralisme qui défendait le salaire comme un instrument de domination et d'exploitation des ouvriers. Il voulait une relance économique mais il ne voulait pas violer le dogme du salaire.

Remarquons en passant que les émigrés sénégalais ont envoyé 1400 milliards en 2021 au Sénégal dont une grande partie sert à la consommation des ménages. Quelle différence existe-t-il entre ces 1400 milliards et le RBG ? Ils sont tous les deux versés aux ménages et utilisés dans la consommation. Ils ont en commun de ne pas être des gains salariaux pour les utilisateurs finaux, les ménages. Ils sont de nature différente, de source différente mais de fonctions identiques. Ils sont reçus gratuitement de l'extérieur par les ménages et servent à la consommation intérieure. Ils participent à la croissance économique en stimulant la demande. La nature de l'argent injecté dans la consommation n'entrave en rien sa fonction de consommation qui booste l'économie et participe à la relance économique. La nature salariale de l'argent n'est pas nécessaire pour jouer son rôle et sa fonction de consommation en particulier et sa fonction économique en général. **De même que les salaires de la fonction publique, le RBG quitte la production par les impôts et taxes et y retourne par la consommation.**

Il faut remarquer que l'idéologie sociale, politique et économique en vigueur valorise la performance rétribuée par le salaire au détriment de la performance non rétribuée mais d'égale utilité sociale. Elle exclue toutes les activités non rémunérées par le salaire de la dignité de travail. Ainsi posons-nous la question si le marabout ou le prêtre qui prêche la bonne parole ne travaille-t-il pas au même titre que le philosophe qui dispense son cours magistral à l'université ou au lycée ? Les ménagères qui cuisinent et éduquent les enfants à la maison ne travaillent-elles pas au même titre que le cuisinier de l'hôtel ou la maîtresse du jardin d'enfants ? Les vieillards qui racontent des contes et conservent la tradition orale et notre histoire ne sont-ils pas autant utiles que les archivistes et les bibliothécaires (en Afrique, disait Amadou Hampathé Ba, un vieillard qui meurt est une bibliothèque qui brûle) ? L'humoriste et le chanteur dans les cérémonies au village ne divertissent-ils pas les gens en apportant de la régulation sociale par la joie qu'ils procurent au même titre que les comédiens de nos scènes modernes? Les miss et les streaptiseuses de nuit méritent-elles d'être payées plus que nos beautés naturelles qui se pavanent dans nos cours et qui nous rafraîchissent les yeux et les cœurs ? La beauté morale ne mérite-t-elle pas plus que celle physique des podiums érigés à la gloire des miss et des mannequins ? Les enfants et les femmes qui nous servent nos boissons, nos plats et exécutent des services divers dans nos maisons ne sont-ils pas aussi importants que les serveurs dans les bars et restaurants ? Que faire de l'engagement social des acteurs sociaux (à travers des organisations civiles ou des mouvements associatifs) qui produisent souvent du droit autant que les juristes, dispensent des cours et développent un ensemble de services non rémunérés au bonheur de la société ? Que dire des centaines voire des milliers d'internautes qui, chaque jour, partagent dans des foras, youtube et tweet leurs connaissances, des cours et des informations dans le Net comme le font les enseignants et les journalistes? Pourquoi tout ce beau monde ne perçoit pas de salaire ? **Parce que simplement dans nos sociétés modernes la valeur de l'homme se mesure à l'aune du profit qu'il apporte en tant qu'employé à son employeur**. Le revenu de base généralisé, par contre, repose sur une philosophie qui rétablit l'équité et la justice sociale en réhabilitant et en revalorisant la notion de production sociale et d'utilité sociale. Il prend en compte (en les rémunérant implicitement) toutes les activités humaines utiles à la société qui méritent d'être encouragées et récompensées. Il faut reconnaitre néanmoins l'impossibilité de quantifier une utilité sociale par un salaire ou un revenu de base. Mais nous ne le répétons jamais assez, les citoyens sont les actionnaires de l'Entreprise-Etat, ils doivent à ce titre percevoir des dividendes. Le RBG est donc un revenu normal qui matérialise concrètement la citoyenneté et le contrat social.

f) Le revenu de base généralisé et la subvention

La subvention est une façon indirecte d'augmenter le pouvoir d'achat en baissant les prix. Il y a quelques années 1F CFA pouvait acheter un bonbon à sucer mais aujourd'hui cette unité a disparu de la circulation témoignant de l'importance de l'inflation dans la hausse des prix. En examinant de près la structure des prix, on constate que plusieurs facteurs sont en jeu pour déterminer le niveau des prix. Des intérêts liés au crédit et au microcrédit, les taxes de l'État en passant par la structure du marché (le grossiste et le détaillant), l'offre et la demande, l'influence des facteurs exogènes, le transport, l'électricité, le loyer, la main d'œuvre etc. font que les prix ne cessent d'emprunter une escalade vertigineuse. Le microcrédit, assimilable à une location au détail de l'argent, est un facteur très inflationniste que l'on combat difficilement dans l'informel ou dans le commerce de détail. Pour réduire ou éliminer les effets inflationnistes, il faut une bonne politique de bonification des prêts, un élément coûteux pour l'État. La structure du marché dans lequel agissent les acteurs les plus inflationnistes est composée généralement des boutiques de quartier et des marchands dits ambulants. Ces derniers constituent un obstacle sérieux à toute tentative de réduction des prix. Durant sa gouvernance, Wade l'a appris à ses dépens. Ses gouvernements n'ont pas connu de succès dans leurs différentes tentatives de réduire les prix en passant par les boutiquiers et les marchands ambulants. La restructuration du marché par la suppression des boutiques et des marchands ambulants au profit des grandes surfaces (Auchan, EDK,..) peut aggraver la pauvreté par la perte de revenus que ces acteurs tiraient de leurs activités. Les coûts du transport, de l'électricité et du loyer marqués par une hausse vertigineuse restent vraisemblablement des facteurs inflationnistes incompressibles sans l'intervention de l'État. Les cours des prix au niveau mondial demeurent imprévisibles. Compte tenu de cette analyse sommaire de la structure des prix et du marché, l'État ne peut contrôler de manière effective une baisse des prix que par la suppression de certaines taxes ou par une subvention. **La subvention, qui pendant plus de 50 ans, a été l'instrument privilégié de tous les gouvernements pour baisser les prix est inefficace, injuste, inégalitaire et bafoue la liberté du consommateur.** Les transferts de revenus indirects à l'origine des subventions concernent tout le monde, les riches, les étrangers et les touristes y compris. Elle est un revenu de base indirect hyper généralisé (les immigrés et les touristes en ont droit) proportionnel à la richesse du consommateur. **Plus on est riche plus on achète, plus on capte de la subvention. Plus on est pauvre moins on achète, moins on capte de la subvention.** Au lieu de réduire les inégalités, les subventions les aggravent en transférant plus de revenus indirects aux riches qui consomment le plus. Pour le ménage pauvre, la subvention est donc une modeste somme qui le soulage à peine des charges quotidiennes et mensuelles de dépenses. Par ailleurs, les subventions des prix du riz excluent tous les paysans producteurs de riz tout en profitant aux autres citoyens, aux étrangers installés dans un pays comme le Sénégal et dans les pays limitrophes.

En versant par contre les subventions directement aux ménages sénégalais, l'État économiserait de l'argent sur l'évasion des subventions des produits exportés frauduleusement dans les pays frontaliers, sur les étrangers installés au pays et sur les touristes, rétablirait la justice par rapport au producteur de riz et ferait de la justice sociale et de l'équité. Ne faudrait-il donc pas transformer ce revenu de base indirect hyper généralisé que constituent les subventions en un revenu de base généralisé (RBG) directement versé aux citoyens sénégalais exclusivement? Ce nouvel outil (le RBG) aux innombrables vertus sociales, politiques, économiques et culturelles renforce le pouvoir d'achat des ménages et leur liberté, rétablit l'équité et la justice sociale, offre la bonne gouvernance en favorisant l'efficacité et l'efficience des dépenses publiques et favorise la relance de l'économie.

Un avantage du RBG sur les subventions est de donner la liberté au consommateur. Il laisse entre ses mains la décision d'utiliser le crédit RBG à sa guise. Le consommateur reste libre de choisir les produits qu'il désire. La subvention n'est profitable qu'à celui qui est riche, qui peut acheter. Elle n'apporte rien à celui qui n'a pas d'argent, qui ne peut pas acheter ni à celui qui produit la marchandise subventionnée, donc qui ne désire pas l'acheter.

g) Le revenu de base généralisé et l'illusion fiscale

Le revenu de base généralisé dévoile l'illusion fiscale selon laquelle nous avons l'impression que le service public consommé est gratuit alors que nous le payons, car nous payons les impôts et les taxes. « Casse tout, c'est l'État qui paie » ! Au lieu de payer directement sa santé, dans le contexte du RBG, l'État transfère l'argent dans les mains du citoyen qui règle lui-même ses besoins plus efficacement. Au lieu de subventionner le prix du riz, de l'huile,… l'État transfère l'argent dans les mains du citoyen qui choisit librement ses produits. Le paysan du Walo ne se retrouve pas dans la subvention du riz, le paysan du Baol ne se retrouve pas dans la subvention de l'huile,…. parce qu'ils les produisent. Le service public n'est pas gratuit. Le service public est toujours payé indirectement par le consommateur par le biais de ses impôts et taxes. La désillusion fiscale qui nous rend plus responsable devant le bien public s'acquiert par le RBG.

h) Le revenu de base généralisé, un dividende citoyen

Le capital social est un fonds matériel associé à un fonds culturel et intellectuel de connaissances, de savoir, de savoir-faire et de savoir-être. Les richesses naturelles du pays, le progrès scientifique, technique, culturel, démocratique et l'organisation politique, économique, sociale sont les facteurs constitutifs de ce capital social. Nous sommes les héritiers de ces legs des générations passées. Notre capacité de production repose de tout temps sur ce capital social. Il s'avère être le capital le plus productif investi dans tout le système de production économique et sociale. Il ruisselle sans que les citoyens n'en prennent conscience dans toute la société.

Au capital social doit correspondre un droit réel rattaché à un dividende social accordé aux propriétaires de ce capital communautaire [7]. Le concept de revenu de base généralisé (RBG) répond exactement à cette préoccupation en matérialisant ce droit exceptionnel. La philosophie qui le sous-tend est autant logique que nécessaire. Il est le moyen le plus sûr (contrairement à l'illusion fiscale qui consiste à payer les prestations de service de santé, d'éducation, de subvention,… à la place du citoyen) pour garantir à tout être humain sa part de revenu dans la répartition de la richesse nationale voire mondiale. Il accomplirait ce droit de manière plus effective que les actuelles lois de la sécurité ou de la protection sociale. Il permet à tout un chacun d'accéder aux biens nécessaires à la vie, ce qui n'est pas garanti dans cet ordre économique de salaire contre performance et de sécurité sociale handicapante. Le RBG est un revenu basique mensuel garanti à chacun par l'État en raison de sa citoyenneté. C'est la revendication la plus sociale de la démocratie moderne. Les opposants au RBG diront que l'on donne à des individus quelque chose pour rien. Mais nous connaissons des gens qui vivent de leurs dividendes sans travailler. Toutes leurs journées sont des loisirs. **Le capitaliste obtient (sans travailler) un dividende seulement parce qu'il a placé un capital. Pourquoi le citoyen, en tant que copropriétaire et cohéritier, ne devrait pas recevoir un dividende sur le plus gros capital que la nation a placé dans l'entreprise ?** Tous les citoyens, étant collectivement propriétaires du plus gros facteur de production, devraient recevoir tout naturellement un dividende sur la production due à ce capital réel commun, à seul titre de membres de la société.

L'État est une entreprise dont les actionnaires sont les citoyens. Il est le dépositaire de ce capital social. Il est, de ce fait, l'actionnaire principal dans toutes les entreprises. L'État collecte tous les dividendes qu'il doit redistribuer à tous les citoyens-actionnaires qu'il représente. Les dividendes aux actionnaires proviennent de leurs placements dans le système de production. En vertu de cela, chaque citoyen a le droit de percevoir en tant qu'actionnaire un dividende social. Le titre de citoyen lui donne droit au revenu de base généralisé qui n'est que l'équivalent de ce dividende social, un dividende citoyen. Le revenu de base généralisé est un dividende car nous considérons « l'État comme une Entreprise dont les Actionnaires sont les Citoyens ». Nous sommes donc tous des Actionnaires en tant que citoyens!

La distribution de pouvoir d'achat sous forme de RBG est nécessaire dans un monde où le travail salarié devient d'année en année plus rare. Il appartient aux peuples, par des lois et des règlements, de choisir les voies et moyens qui permettent à chaque citoyen d'exercer son droit à une part des richesses de la nation. Pendant combien de temps encore le citoyen-consommateur restera sans revendiquer son dividende issu du placement de son capital national, le RBG ?

i) Le RBG et les finances publiques

Utopie sans doute pour ceux qui pensent que le financement du RBG est incompatible avec l'état des finances du Sénégal. En somme, verser à chaque sénégalais un revenu garanti pendant toute la vie ne coûterait pas beaucoup plus au budget de l'État que le système actuel. Prestation accordée à tous sans condition, le RBG implique le démantèlement de tous les secours et contrôles étatiques : les aides financières aux entreprises pour le redressement industriel et économique, les exonérations fiscales ou dépenses fiscales, les subventions de toutes sortes mais également les autres cotisations sociales et les aides sociales et municipales. La rationalisation et l'optimisation des dépenses publiques (et des prestations sociales de l'État) basée sur l'efficacité et l'unité administrative, mais également sur la fin de la « gratuité », des subventions et des fonds publics perdus de financement permettrait de dégager des économies consistantes. En outre, le système de monnaie-dette doit aussi être adapté au système de production et de distribution. La nécessité devrait aider à vaincre les obstacles. Dans le contexte du RBG, la gratuité serait bannie. Le paysan, le pasteur et le pêcheur désormais mieux encadrés deviendront plus responsables face à leur destin. Ils prendront en charge par des mécanismes d'accompagnement bien inspirés les coûts de la production agricole (dans le sens large) que d'éternelles pratiques de gratuité de semences, de matériel, etc. n'ont pas servi à faire décoller.

Bien loin d'être une méthode grossière et utopique de lutte contre la pauvreté, le RBG, dont le coût de distribution est négligeable au regard des dispositifs actuels, apparaît donc comme un moyen d'atteindre de manière assurée toutes les personnes pauvres et vulnérables à moindre coût en leur donnant un sentiment de sécurité. Mettre en place ce droit inaliénable pour tous les jeunes sénégalais qui naitront demain coûterait peu aux finances publiques. L'application des principes de rationalisation, d'optimisation, d'efficacité administrative et d'unité administrative fera de l'État du RBG l'état le plus riche que le Sénégal n'a jamais connu.

j) Le RBG, un outil de transfert financier

La mise en œuvre des projets et programmes publics pourrait s'opérer dans un cadre de partenariat entre l'État, le secteur privé (entreprises dont les banques) et les populations. Ces dernières participeront désormais aux programmes publics dans un environnement favorisé par une bonne politique de communication dont l'objectif est l'émergence d'une opinion citoyenne. Après consolidation, le RBG devrait évoluer suivant son objectif stratégique en un revenu de transfert plus substantiel pour permettre aux populations de payer les services de santé, de formation et d'éducation, entre autres, offerts par les entreprises privées retenues dans le cadre du partenariat. Le RBG jouerait alors le rôle d'un instrument politique et social de transfert financier. Les populations vont payer les services, les entreprises vont réaliser les projets et programmes publics, les banques vont les financer et l'État coordonne, accompagne, encadre, oriente et contrôle. **Le financement de la santé par les primes d'assurance qui seront payées au moyen du RBG dans le cadre de l'assurance maladie obligatoire (AMO) est une preuve qui va l'illustrer à merveille.** Le RBG pourrait ainsi mettre fin à l'accumulation des dettes publiques nationales voire internationales mais aussi et surtout permettre aux structures de santé et de formation d'être liquides à tout instant. Il aide à combattre le paradoxe de la pauvreté dans un océan d'abondance.

k) RBG vs bourse de sécurité familiale

Le revenu de base généralisé versé aux ménages sénégalais ne pourrait jouer pleinement son rôle social et économique que si son montant atteint un certain seuil. Le montant du RBG injecté dans la consommation dépassera au moins un seuil de 1000 milliards de F CFA par an qui aura pour effet de booster le pouvoir d'achat national des consommateurs. Une telle somme peut impacter la réduction de la charge du loyer en particulier et des prix des autres produits et services en général. La dépense mensuelle du ménage sénégalais pourrait être soulagée et libérée des coûts des denrées de première nécessité telles que le lait, le sucre, l'huile et le riz. Loin de ce seuil, les dizaines de milliards versés annuellement aux ménages ciblés dans le programme de la coalition au titre de la bourse de sécurité familiale pourraient ne pas avoir de l'effet sur la relance économique même si le bénéfice politique et social est évident.

Le RBG n'est pas une aumône comme la bourse de sécurité familiale offrant un pouvoir d'achat maigre dont les effets sur le système économique et social restent invisibles. Le caractère général et institutionnel du RBG participe à sortir le social du politique et aide à financer la couverture sanitaire universelle (CSU) contrairement à la bourse de sécurité familiale. Il est consacré par un droit accordé à tous par une loi votée à l'assemblée nationale. **Il n'est pas fondé sur le concept de couches vulnérables qui préconise le ciblage.** La bourse de sécurité familiale est congénitalement frappée par sept faiblesses face au RBG.

La bourse de sécurité familiale :

- divise le pays en citoyens pauvres, misérables et charitables en face de citoyens riches, solvables et respectables.
- ne respecte pas l'équité entre les ménages. Un ménage à 10 membres reçoit la même somme qu'un ménage à 5 membres.
- agresse la dignité des citoyens. Les bénéficiaires doivent se déshabiller pour apporter les preuves de leur pauvreté.
- permet des fraudes et des interventions à cause du ciblage
- peut être instrumentalisée à des fins électoralistes.
- favorise des risques d'injustice par erreur de ciblage des ménages. Des ménages plus pauvres risquent d'être laissés en rade.
- ne produit que des effets incolores et inodores sur la production et la consommation. Elle ne valorise pas l'investissement social par son effet économique.

l) Le RBG, prochain successeur du salaire

Le RBG distribue une quantité de la production qui autrement resterait invendue ou à l'état potentiel. Il y va de l'intérêt de tous que les consommateurs puissent consommer, toujours consommer et davantage consommer. Nous pouvons tous consommer, mais nous ne pouvons pas tous acheter. Si la consommation est entravée par une insuffisance de pouvoir d'achat, une partie de la production de richesses devient inutile, aussi bien pour les consommateurs que pour les producteurs. Il en est de même si le potentiel de production du pays est limité par une consommation faible. Les citoyens réclament donc un système plus sensé pour que chacun de nous puisse accéder à la consommation de produits nécessaires à sa vie, à son existence. Le RBG, en tant que dividende citoyen, est le dispositif naturel pour atteindre cet objectif par un moyen qui n'augmente pas les dépenses ou coûts de production de l'entreprise.

Le capital social, source du dividende social, est valorisé dans la production par le travail et la compétence d'hommes récompensés par des salaires. Mais l'efficacité du capital social dans la production étant beaucoup plus effective que celle du capital financier, ne faudrait-il pas que la part globale du dividende citoyen soit plus importante que la part du salaire ? La répartition du pouvoir d'achat devrait dépendre de plus en plus du RBG à mesure que la capacité productive par homme et par heure augmente. Cela permettrait au citoyen chômeur de toucher un revenu, certes moins important que celui cumulé du salarié, mais suffisant pour vivre dignement en société. Le stimulant «salaire» serait toujours présent mais ne serait pas nécessaire pour vivre décemment. C'est l'expression d'une philosophie révolutionnaire, appropriée à une économie de l'abondance où nous devenons tous des actionnaires qui perçoivent des dividendes. Il se substitue à l'esprit d'une économie de la rareté caractérisée par le salaire contre performance qui restreint tout le revenu à l'emploi salarié et au profit lié au capital. La croissance de la productivité comme conséquence du progrès devrait profiter à tous. Les salariés et les capitalistes n'y perdront rien. Ils auraient perçu plus en dividende citoyen qu'en salaires et dividendes. Le volume de la production réalisée et distribuée serait plus considérable tant que la capacité physique de production et la saturation de la consommation ne limitent les biens et services produits. Le RBG est le successeur logique, naturel et indispensable du salaire dans un monde en plein épanouissement technologique et scientifique.

m) Le RBG et le développement décentralisé et participatif

Le projet « **un citoyen, un revenu** » est un concept fondé sur une dynamique sociale et économique pour sortir le Sénégal voire les pays africains du sous-développement et de la pauvreté. Le modèle de développement décentralisé et participatif qui bat de l'aile sur fonds de tiraillements entre autorités centrales et locales à cause de budgets inconsistants pourrait y trouver son essor et son salut. Notre modèle est basé sur trois objectifs économiques qui favorisent le développement décentralisé et participatif.

- **Le RBG et la distribution du pouvoir d'achat sur tout le territoire national**

Premièrement, le RBG permet, de distribuer un pouvoir d'achat sur tout le territoire national en transformant tout espace socioculturel en marché potentiel. Cette distribution du pouvoir d'achat dans tout le territoire national injecterait des dizaines de milliards dans chacune des 14 régions et chacun des 46 départements du Sénégal. Ce nouvel environnement favoriserait le développement de diverses activités de l'informel telles que les salons de coiffure, les salons de couture, les cybers, etc. dans le monde rural notamment. On assisterait à une déconcentration économique qu'une longue décentralisation administrative n'a pas pu réussir mais aussi à la naissance d'une économie rurale dynamique et viable qui prospère. L'exode rural peut y trouver son remède. Les jeunes paysans qui constituent la masse écrasante des marchands ambulants pourraient retourner ou rester au village pour y exercer leurs activités commerciales.

- **Le RBG et la réduction des prix à l'intérieur et à l'extérieur du Sénégal**

Deuxièmement, il vise la réduction des prix de nos produits à l'intérieur comme à l'extérieur du Sénégal. Le revenu de base peut être conçu, à l'image des subventions des produits agricoles européens, comme une subvention indirecte et tacite de la production agricole et industrielle ainsi que des services. Il les rendrait plus compétitifs à l'intérieur comme à l'extérieur du pays. Le paysan, désormais à l'abri des périodes de soudure, peut vendre sa production moins chère (sans tenir en considération ses besoins en nourriture). Une partie de sa production représentera pour lui une épargne qui lui permet d'intensifier son agriculture en la mécanisant. Il devient plus riche et plus attaché à son terroir. La fiscalité rurale a plus de chance de s'appliquer. L'ouvrier de la cimenterie va coûter moins cher à son patron du fait qu'une partie des charges sociales liées au salaire sont prises en compte par le revenu de base. Donc le ciment, le riz, l'oignon, entre autres, pourraient être vendus moins chers en Gambie, en Mauritanie, en Guinée, au Mali, en Guinée Bissau, au Sénégal, etc..., ce qui rend compétitif notre système économique national. Contrairement à la subvention ou revenu de base indirect hyper généralisé, le revenu de base généralisé (RBG) empêcherait les fuites d'une partie du revenu national vers les pays limitrophes. Notons en passant, que l'argent du RBG pourrait être destiné éventuellement à n'acheter que des produits locaux dans des magasins spécialisés pour booster la production nationale.

- **Le RBG et la réduction de la dette publique**

Troisièmement, notre modèle repose aussi sur un concept politique et social de transfert financier. Il offrira la possibilité de faire disparaître la dette publique intérieure qui entrave l'activité économique nationale. Les populations vont participer aux financements de tous les secteurs dont la réalisation incombe au partenariat (2EP) (Etat-Entreprise-Population) en payant les prestations de service. Cela permet aux entreprises privées de disposer d'argent liquide et de sortir du cauchemar de l'accumulation des dettes impayées. Les sociétés de forage par exemple, à l'instar de la SDE dans les centres urbains, vont réaliser des ouvrages gérés par des techniciens autochtones et vont vendre l'eau sans crainte d'être payés puisque les paysans disposent maintenant de revenus réguliers et permanents. Les populations rurales accéderaient ainsi à l'eau des forages de même qu'à l'électricité. Distribué sur tout le territoire national, le RBG serait une prime au repeuplement des régions où la vie est la moins chère. Il s'ensuivrait un exode urbain vers les campagnes. Le pays devrait connaitre un regain de vitalité économique. L'économie de l'eau devient lucrative et rentable, donc attractive dans le monde rural contrairement au passé. L'électrification rurale, comme l'hydraulique rurale, peut être aussi facilitée de même que le déplacement des victimes des inondations puisqu'elles peuvent partout développer des microéconomies avec leurs revenus de base.

n) Le RBG et la relance économique

La demande qui est une contrainte récurrente de l'activité commerciale selon les rapports de conjoncture économique sera relancée par le RBG. La consommation sera boostée en entraînant la production et partant favoriser la création d'emplois. Le RBG soulage le consommateur en renforçant son pouvoir d'achat, enrichit le commerçant en activant ses ventes et revigore le producteur en boostant sa production. Le RBG met en marche les roues de l'économie en augmentant le pouvoir d'achat des citoyens qui réclament encore et encore des produits et des services.

o) Le RBG et l'écologie

La santé physique et mentale de l'homme et la continuité de son existence sur terre sont au cœur de l'écologie naturelle, environnementale et sociale. L'évaluation de la qualité de la vie humaine montre que notre existence a été sérieusement mise en danger par notre misère économique et la pollution de l'environnement. La mise en œuvre du RBG devrait combattre la pauvreté en favorisant l'accès de tous les citoyens aux biens et services mais au prix d'une agression de plus en plus violente de la nature, affirment ses détracteurs, les partisans de la décroissance et du salaire universel [12]. L'éducation à la sobriété matérielle, la fiscalité sélective de la consommation, la fiscalité écologique, le développement de techniques et de technologies d'atténuation, de résilience, d'adaptation et de conservation associées à l'économie sociale et solidaire, qui réduit les impacts négatifs de la croissance économique en promouvant la décentralisation économique et en minimisant le pouvoir économique des institutions capitalistes (entreprises privées, banques, actionnaires, propriétaires fonciers,...) devrait accompagner notre transition vers une société et une économie plus sobres, plus justes, plus démocratiques et plus humaines. Le RBG, qui permet d'appliquer ces mesures conservatoires, peut se révéler comme un outil puissant qui fait sauter les verrous de notre actuel modèle capitaliste de développement oppressant et productiviste. **Le RBG peut encourager des modes de vie écologistes.** Il peut réconcilier l'objectif écologique de réduire la production outrancière des biens et services et l'objectif social de maitriser le chômage lié à la productivité [8].

C. REPONSES AUX QUESTIONS FREQUENTES SOULEVEES PAR CETTE INNOVATION

1. Généralisation ou ciblage

Certains intellectuels et politiques se posent la question de savoir pourquoi généraliser le RBG au lieu de cibler des couches vulnérables pour des soucis d'équilibre budgétaire? La définition et la mesure de la pauvreté sont par nature controversées. Il n'est pas aisé d'établir une hiérarchie de la souffrance liée à la douleur de la pauvreté. Le sentiment de pauvreté ne se mesure pas de façon monétaire ou pécuniaire. Il dépend de l'environnement, de l'entourage, du milieu social, de l'âge, du mode de vie, de la psychologie, de la santé mentale des individus, etc. Il est impossible de dresser une échelle de valeurs pour mesurer la pauvreté. Le ciblage des couches vulnérables est par conséquent inopérationnel techniquement car basé sur des critères qui excluent des catégories d'individus dans le besoin et inefficace faute de s'arrimer à des critères qui prennent en compte la rentabilité sociale et économique des assistés. Un salarié qui reçoit trois cent mille francs à Dakar peut être plus pauvre qu'un paysan au village, avec un revenu de cent mille francs, qui ne paie ni eau, ni électricité, ni loyer, ni transport de ses enfants. L'environnement social citadin crée plus de besoins et de désirs dont l'insatisfaction suscite un sentiment de frustration, de pauvreté. Aider ce salarié qui n'attendait que cela pour faire éclater ses performances sociales et économiques, n'est-il pas en outre plus rentable qu'aider un mendiant ou quelqu'un d'autre qui ne peut contribuer dans la société que par la consommation. Le critère de rentabilité sociale et économique n'aurait-il pas plus de dignité et de vertu que le critère qui ne voit de la pauvreté qu'une douleur et une souffrance sociale à soulager. Le RBG se veut être un revenu d'appoint et d'appui pour améliorer les performances économiques et sociales de chaque citoyen sans conditions discriminatoires. Une véritable rupture par rapport aux allocations et subventions distribuées de manière ciblée qui ne font qu'entretenir de vastes couches de personnes difficilement recyclables dans le système productif. Enfin, grâce à la simplicité administrative de la généralisation face au ciblage, le coût de mise en œuvre du RBG pour lutter contre la pauvreté sera minimum. L'équité et le faible coût supposé du ciblage contrastent avec son efficacité. La généralisation du revenu de base prend en compte tous les aspects, les profils et les déterminants de la pauvreté que le ciblage exclue pour des raisons d'économie de coûts. Elle s'avère par conséquent plus efficace dans la lutte contre les multiples phénomènes de la pauvreté. Il faut choisir entre l'efficacité, la justice sociale et l'équité. Last but not least, le RBG est fondé sur un concept d'actionnariat collectif contrairement au concept de ciblage bâti sur le concept de couches vulnérables. Ils n'ont pas les mêmes justifications et significations philosophiques, sociales, économiques voire morales.

2. Le RBG crée de l'inflation

Le pouvoir d'achat doit être conçu comme un dispositif qui sert à établir l'équilibre entre l'aptitude de la nation à produire et sa capacité à consommer. On doit donc essayer constamment à ajuster par le pouvoir d'achat le niveau de la consommation au niveau de la production. **Il est nécessaire de contrôler la masse monétaire de telle sorte qu'elle varie proportionnellement à la production consommable par les citoyens.** La conversion d'une partie du budget en pouvoir d'achat national ne conduirait pas automatiquement à l'inflation puisqu'il fait partie intégrante de la monnaie en circulation. L'inflation ne s'identifie pas à une élévation du pouvoir d'achat. Elle s'identifie à une hausse des prix consécutive à une augmentation de la monnaie en circulation. C'est une augmentation simultanée de la quantité d'argent en circulation et des prix. Ce n'est ni une augmentation d'argent, ni une augmentation des prix mais les deux à la fois. C'est une trop grande quantité d'argent par rapport à la valeur des produits. L'inflation est dangereuse à cause de la hausse des prix qu'elle entraine. Elle ruine le pouvoir d'achat des consommateurs, ce pouvoir d'achat que nous voulons augmenter par le RBG. Si l'augmentation du pouvoir d'achat correspond à l'augmentation de la production, il n'y aura pas de hausse des prix, donc pas d'inflation. Les banquiers (principaux auteurs de l'inflation) et leurs suppôts d'experts aux intérêts fortement couplés agitent toujours l'épouvantail de l'inflation quand une telle politique d'augmentation du pouvoir d'achat national est envisagée.

3. Il est mieux de créer des emplois que de distribuer de l'argent aux populations

Seule une économie de plein emploi peut donner l'emploi à tous. Le plein emploi a existé dans nos sociétés antérieures où toute la population était engagée dans la production pour se nourrir (à cause de l'absence de moyens techniques et technologiques). Il n'y avait pas de chômeurs. D'où le reflexe du langage « va chercher du travail » «demal wuti liguey, en wolof», comme si le chômage était un choix. Le chômage, comme la pauvreté, est devenu un accident social, un risque social dans le contexte d'une économie moderne en plein essor technique. Le capital foncier, immobilier, industriel et financier est maintenant confisqué par des mains privées qui l'exploitent selon des critères de rentabilité. Si vous ne répondez pas à ces critères et si vous ne bénéficiez pas des opportunités et des possibilités liées à l'exploitation du capital vous risquez d'être frappé par le chômage. Vous n'êtes pas libre d'aller dans la campagne, de vous attribuer des terres, de vous adresser à une banque pour un prêt (de financement) et de travailler la terre. En outre, l'économie moderne marquée implacablement par un fort coefficient d'automatisation évolue de manière regrettable vers la rareté de l'emploi salarié. Le système actuel transforme malheureusement la bénédiction du progrès technologique en malédiction du chômage. **Notre économie contemporaine secrète structurellement le chômage et la pauvreté.** Le RBG devient nécessaire pour prévenir la précarité à laquelle de tels risques sociaux pourraient nous exposer.

4. Le RBG encourage la paresse

Le RBG ne favoriserait-il pas l'oisiveté, pensent d'aucuns ? Il faut souligner d'emblée que l'existence d'inégalités liées à la distribution des possibilités et des opportunités d'emplois a généré une majorité écrasante d'individus qui ne travaillent pas malgré leur volonté. Le chômage n'est pas dans ces conditions une conséquence de la paresse ou de l'oisiveté mais relève plutôt d'un risque social ambiant. La société a toujours eu à sa charge des parasites et fainéants qui ne se gênent pas de vivre aux dépens des autres. Toutefois, il existe des personnes plus aptes au travail que d'autres. La fainéantise ne signifierait-il donc que l'inadaptation maladive de l'individu au travail ?

Le rapport de l'homme au travail revêt un sens équivoque. Certains jurent qu'il faut obliger l'homme à travailler pour combattre la paresse, d'autres pensent que l'homme doit travailler pour avoir le droit de vivre, d'autres encore estiment que l'homme aura toujours tendance à cumuler son salaire avec le RBG puisqu'il veut toujours être plus reconnu par ses pairs pour mieux paraitre. Les uns surestiment la disposition naturelle de l'homme à obéir à la contrainte pour son propre intérêt, les autres ignorent que certains hommes passent tout leur temps de travail en loisirs et les derniers abusent de la loi de reconnaissance qui motive l'homme à compétir. **Le RBG ne change rien aux**

conditions qui déterminent la compétition naturelle entre les hommes. Il relève à la fois et au même niveau le standard de vie pour tous les citoyens. Le chômeur reçoit son RBG tandis que le travailleur reçoit son RBG plus son salaire. Toutes les conditions sont restées égales par ailleurs, mais le pouvoir d'achat est renforcé pour tout le monde. Les premiers, plus aptes à la compétition, resteront toujours premiers. Les derniers traineront toujours derrière s'ils sont incapables de profiter des nouvelles opportunités créées par le RBG. Tant pis pour les paresseux et les oisifs qui se suffisent uniquement du RBG pour vivre ! N'ont-ils pas d'ailleurs le droit de vivre sans travailler ? Après tout, la volonté de travailler relève d'abord d'une question de dignité personnelle.

5. Faut-il donner le RBG aux riches, faut-il le donner sans contrepartie ?

Le RBG est accordé sans conditions à tous les citoyens. C'est un revenu perçu au seul titre de citoyen de l'État du Sénégal. Certains estiment nécessaire d'exiger une contrepartie sous forme de services rendus. Une allocation donnée à tout le monde respecte l'égalité des citoyens et la justice sociale. L'allocation octroyée à quelques-uns requiert cependant une contrepartie pour compenser le préjudice moral fait aux autres. Le RBG est une allocation versée à tout le monde. Il ne requiert pas de contrepartie contrairement à une allocation versée à une partie ciblée de la population. En outre, un RBG versé à tous les membres de la société n'humilie pas son bénéficiaire contrairement à l'allocation ciblée qui agresse sa dignité. Il n'y a rien d'humiliant à percevoir un RBG versé à tous les membres de la société sans conditions. Le travail forcé que l'on exigerait sous forme de services rendus peut coûter plus cher. Il nécessite de la formation, des structures, du contrôle avec des risques de contentieux entrainant des dépenses éventuellement plus élevées que le financement du RBG.

D'aucuns pensent aussi qu'il est inutile de verser le RBG aux riches. Le RBG pourrait avoir une utilité pour les classes moyennes et supérieures. Il pourrait leur servir de coussin d'amortissement en cas de revers de fortune. De toute façon, sélectionner les riches et les pauvres nous ramène au ciblage qui pose des problèmes philosophiques et techniques de mise en œuvre et de contrôle. Il est clair que l'attribution généralisée d'un revenu de base à tous minimiserait son coût de mise en œuvre et de contrôle. En tant que revenu de base généralisé, il respecte les principes de démocratie, d'égalité et de justice sociale.

Le RBG est un droit qui précède la naissance, qui est effectif avec la naissance, il ne peut pas dépendre du statut social acquis par le citoyen. **C'est un dividende social auquel le riche a droit tant qu'il n'y renonce pas. On ne peut pas renoncer à un devoir mais on peut renoncer à un droit !** L'inconditionnalité du RBG est pour la société une manière de manifester sa solidarité et sa reconnaissance envers ses citoyens. Elle s'oppose en revanche au ciblage qui se justifie par une "justice sociale" qui désigne les riches comme des coupables à punir.

6. **Il est mieux d'apprendre à pêcher le poisson que de donner le poisson.**

Le RBG fait mieux que donner du poisson. Il donne le poisson et il apprend à pêcher le poisson à la fois. Donner du poisson à quelqu'un et lui apprendre à pêcher, n'est-ce pas encore mieux que de lui apprendre seulement à pêcher ? Nous donnons le RBG mais nous faisons émerger en outre une économie des entrepreneurs-agriculteurs, -pasteurs, -pécheurs, -tailleurs, -mécaniciens,…. au moyen du Fonds d'Investissement et de Garantie associé à un Actionnariat Populaire (FIGAP).

7. Le revenu de base généralisé a un effet désincitatif sur l'emploi.

Le RBG est un revenu accordé à tous les citoyens qui sont désormais sur la même ligne de départ comme précédemment. La loi de la reconnaissance sociale, économique, intellectuelle,... veut que tout le monde entre en compétition pour être plus reconnu par la société en gagnant plus. En tout cas, je n'ai jamais vu quelqu'un qui gagne 10 millions refuser d'en gagner plus ou un travailleur qui abandonne son travail parce qu'il est trop bien payé. Au contraire, l'argent appelle l'argent. Il peut se trouver qu'une minorité dérisoire viole cette loi et se contente du simple RBG comme revenu.

Le RBG ne supprimerait aucun emploi mais paradoxalement revaloriserait le travail. Les capitalistes qui confinaient auparavant le travailleur à un salaire de misère sont obligés de revaloriser par une augmentation de salaire le travail mal payé pour avoir des preneurs. Il conforterait mieux l'idée que le travail «paie». Le travail sera ainsi plus valorisé et conservera tout son stimulant. Les emplois peu rémunérés ou repoussants risquent par ailleurs de ne pas trouver preneurs. Ils pourraient néanmoins ouvrir de nouvelles perspectives d'innovation et d'invention technologique. **Il est par conséquent évident que le RBG aurait un effet incitatif sur l'emploi et l'auto-emploi contrairement à ce que certains peuvent penser.** Le RBG pourrait libérer l'initiative privée pour des millions d'individus contrairement à l'apprentissage forcé d'une formation professionnelle dont on n'a pas besoin et dont le financement coûte cher. En sécurisant un pouvoir d'achat minimum, le RBG renforcerait notre liberté de choisir nos activités et nos occupations. Nous pouvons choisir d'entreprendre ou de s'occuper de nos obligations familiales ou bien encore d'acquérir une formation complémentaire ou nouvelle pour améliorer nos activités professionnelles ou simplement se réorienter. Il sera en outre à l'avantage des femmes qui subissent le temps partiel et les interruptions de carrière.

Injecter une quantité d'argent dans la société rejaillit toujours sur la consommation, ce qui aurait pour effet de relancer la production et mécaniquement …l'emploi.

8. Comment financer le revenu de base généralisé ?

Le revenu de base généralisé peut être financé sans recours au budget excepté les dépenses sociales traditionnelles de l'État. Soulignons tout d'abord que les banques prêtent à tout instant de l'argent à leurs clients sans toucher ni à leurs comptes courants ni à leurs comptes d'épargne. D'où vient donc l'argent qu'elles prêtent aux clients ? L'argent de la dette ne provient ni des comptes des clients, ni des comptes des actionnaires de la banque. L'argent de la dette représente l'augmentation de la masse monétaire nécessaire à la circulation des biens et des services et qui appartient à tout le peuple, à l'État. C'était le fondement et la justification de la planche à billets qui a fait les beaux jours de l'État Providence et qui pourrait sans nul doute financer le RBG. L'État a perdu sa puissance financière par la suppression de la planche à billets qui donne désormais aux banquiers le privilège et le pouvoir exclusif de créer et d'émettre la monnaie.

Nous avons imaginé des stratégies pertinentes de financement du RBG. Contrairement à ce que l'on pourrait penser, l'État en présence du RBG sera un État si riche que le Sénégal n'en aurait jamais connu. Il ferait plus d'économies car il serait plus rationnel et plus optimisé que par le passé comme nous l'avons déjà souligné. **Notons que dans son discours de fin d'année 2022, le président Macky Sall a fait état de prestations sociales, d'augmentation de salaires, de subventions d'un montant de plus de 1.500 milliards de CFA qui pouvait**

entrer dans le financement du RBG s'il devrait être instauré en janvier 2023.

9. Aux sceptiques

Utopie ! Innovation impossible ! crieront les sceptiques. Ils pensent que le RBG est un fantasme d'excentrique. Nous rappelons qu'à l'époque de François Guizot [13] peu de personnes acceptaient l'utopie du suffrage universel. Les uns croyaient que le suffrage universel était trop révolutionnaire. Les autres considéraient, comme les Constituants de 1789, que seul un homme riche pouvait avoir une volonté, une opinion et un choix indépendants. Le vote sincère et libre ne pourrait être exprimé que par un homme riche. Le pauvre est exposé à la manipulation, à la corruption et à la soumission. Le suffrage universel est aujourd'hui définitivement rentré dans nos mœurs démocratiques. Le même paradoxe est aussi vécu par le RBG qui proclame un droit de tous à un revenu, à un accès universel au pouvoir d'achat. En distribuant du pouvoir d'achat à chaque citoyen, il remet en cause le diktat du salaire comme seul dispositif pour profiter du marché. Il est une prestation destinée à libérer l'individu de la pression du marché en permettant aux plus pauvres d'accéder aux biens et services. Les uns pensent que c'est une lourde charge financière pour l'État, les autres croient qu'il encourage l'oisiveté et qu'il est mieux de créer des emplois, d'autres encore estiment qu'il favorise l'inflation. Il serait de toute façon impossible financièrement de le réaliser, imaginent les derniers. Les grands chantiers de Wade, que certains politiciens décrivaient comme des rêves délirants d'un président en mal d'inspiration, fantasque et mégalomane, ont fini de nous convaincre qu'avec la conviction et la détermination, il est aisé de transformer l'utopie en réalité. Une société qui a produit tant de prodigieuses intelligences morales, juridiques, techniques et scientifiques ne serait-elle pas capable d'imaginer et de réaliser un tel système basé sur le RBG?

Autant la longue marche pour la conquête des droits démocratiques a abouti au suffrage universel, autant l'ultime conquête des droits sociaux sera couronnée par le revenu de base généralisé. Voilà notre intime conviction.

Chapitre 2 :

L'assurance maladie obligatoire (AMO)

État des lieux de la couverture santé universelle (CSU) en Afrique

Les systèmes de santé africains ont été rudement éprouvés par la récente pandémie du COVID-19 et par la réduction des financements extérieurs mais aussi et surtout par des inondations (en Afrique de l'Est et australe), des conflits (dans certains États), des flambées épidémiques (fièvre jaune, choléra, Ebola,….). Leur faiblesse a été révélée dans de nombreux pays confrontés à ces difficultés qu'ils n'arrivent pas à surmonter. Il est par conséquent impératif de construire une résilience des systèmes de santé bâtie sur la prestation durable de services sanitaires essentiels. Pour atteindre la couverture santé universelle (CSU) et les objectifs du développement durable relatifs à la santé, des États africains ont pris un ensemble de mesures pour assurer le développement de leurs systèmes de santé. Il s'agit de mettre en place des systèmes qui agissent sur les déterminants de la santé, garantissent la sécurité sanitaire et répondent aux attentes des populations. De tels systèmes de santé devront être dynamiques en prenant en compte les facteurs extérieurs tels que les chocs, l'accès aux services de base, la disponibilité et la qualité des services répondant aux besoins exprimés par les citoyens. **Il ne s'agit plus d'évaluer la performance du système de santé selon les investissements réalisés mais suivant les résultats attendus et atteints.** La performance des systèmes étudiés est estimée en moyenne à 52,9 % de ce que ces pays doivent et peuvent réellement faire[6]. Notons qu'une faible

[6] Rapport 2018 sur l'État de santé dans la Région africaine de l'OMS

corrélation existe entre le financement et la performance des systèmes de santé. Beaucoup de fonds disponibles pour améliorer la performance des systèmes de santé n'ont pas été efficacement utilisés. Il est constaté dans les 47 États considérés que l'accès aux services ne représente que 46,3 % alors que la résilience des systèmes, la demande de services et la qualité des soins font respectivement 48,4 %, 51,4 % et 61,6 %. Pour booster la performance des systèmes de santé, les dépenses publiques demeurent toutefois les plus efficaces et les plus fiables comparativement aux autres sources de financement.

Compte tenu de la forte corrélation entre le financement public et la performance du système de santé, il est donc nécessaire d'étudier des voies et moyens novateurs (l'assurance maladie obligatoire-AMO) en vue d'accroître le financement public sous-tendant le développement des systèmes de santé afin d'instaurer la couverture sanitaire universelle. Pour accroitre l'efficacité des systèmes de santé, il faudra aussi surmonter les obstacles physiques à l'accès aux services de santé et renforcer la résilience des systèmes de santé qui sont les principaux goulots d'étranglement. Pour combler certaines lacunes constatées sur le plan de la performance, il faut renforcer les éléments fonctionnels du système de santé à savoir le personnel de santé, les infrastructures et les produits médicaux, les procédures de gouvernance et de prestation de services, ainsi que les systèmes d'information et de financement. Il faut en outre mettre en place des mécanismes de suivi des performances des systèmes de santé, améliorer le rapport coût-efficacité du financement, garantir une gestion rationnelle des ressources financières mobilisées auprès des donateurs et des fonds privés tout en **diminuant les dépenses directes de santé**. Afin de parvenir à la couverture sanitaire universelle et atteindre les objectifs de développement durable liés à la santé, il est nécessaire de rationaliser le fonctionnement des systèmes de santé en contribuant à une meilleure efficience dans l'affectation et l'utilisation des fonds.

Un système de santé performant n'est pas un système de santé capable de fournir que des services de base. Il se caractérise plutôt par des disponibilités opérationnelles pour l'accès aux services essentiels, pour la qualité des prestations de soins, pour la demande des services essentiels et pour la résilience aux chocs aléatoires[7]. La couverture maladie universelle (CMU) ou couverture sanitaire universelle (CSU) se présente au 21e siècle comme l'un des défis les plus exigeants des pays africains. Bien que tous les pays soient confrontés à des problèmes de santé, la situation est cependant plus grave dans les pays africains qui comptent parmi les plus pauvres. Les États africains ont décidé de s'engager à relever ce défi dans un contexte caractérisé par des difficultés liées à l'accès aux soins et à la qualité des soins.

La couverture maladie universelle consiste à faire accéder toute la population sur toute l'étendue du territoire à la prévention ou à des soins de qualité relatifs au traitement sans que leur prise en charge n'entraine un risque financier pour le ménage. Elle est fondée sur l'équité qui fait correspondre les soins aux besoins des malades et non à leur pouvoir d'achat. La santé et le développement partagent un lien très fort. Les problèmes de santé font basculer beaucoup de ménages dans la précarité. Tout en continuant à lutter contre les grandes maladies transmissibles, contre les problèmes de santé maternelle et infantile, ces pays doivent également supporter le fardeau de plus en plus lourd des maladies non transmissibles. Le renforcement des systèmes de santé est devenu un objectif essentiel et il doit passer par

---

[7] Rapport sur la performance des systèmes de santé dans la région africaine de l'OMS, octobre 2020

la couverture sanitaire universelle. Cette dernière est une réponse efficace et adéquate en tant qu'aboutissement de l'effort national de solidarité. Elle garantit aux citoyens l'accès gratuit aux soins de santé et aux médicaments auquel le traditionnel règlement direct des soins curatifs hospitaliers et ambulatoires faisait obstacle. Toutefois, son coût très élevé reste un défi sérieux à relever pour nos pays pauvres. Le financement par les programmes alternatifs de régimes de mutuelles de santé se dessine comme une approche intéressante. Mais la viabilité des prestations de services prépayées par les mutuelles demeure douteuse. Les difficultés rencontrées dans l'expérience ne militent pas en faveur du financement de la santé par les mutuelles. Le défi du financement reste donc entier !

Le marché actuel de la sante

Le système marchand de la santé en Afrique est, de nos jours, à l'origine d'inégalités face à la maladie. Les pauvres, particulièrement dans le monde rural, sont exclus du marché de la santé puisqu'ils ne représentent pas assez de bénéfices pour les cliniques privées. Ainsi, pour l'écrasante majorité des populations, le système entraîne forcément une mauvaise couverture santé liée à l'offre privative, ciblant les nantis. Dans beaucoup de pays en développement, les systèmes de santé sont sous-développés. La distribution de la santé est inégale. L'absence de système d'information sanitaire fiable, le manque d'infrastructures adaptées et la pénurie de professionnels de santé associés à la difficulté à maintenir les ressources humaines dans les régions reculées constituent des facteurs qui pèsent sur la qualité des soins de santé. Il s'y ajoute que la cherté des médicaments, leur indisponibilité et leur qualité douteuse rendent les populations plus vulnérables. Enfin, le risque de plus en plus croissant d'épidémies et de catastrophes naturelles ainsi que les risques de manipulation génétique ne plaident pas en faveur du développement d'assurance santé privée.

Les mutuelles de santé : exemple du Rwanda

Le succès du modèle **d'assurance maladie obligatoire du Rwanda** basé sur des mutuelles de santé est le plus connu. Entre 2003 et 2015 le taux de pénétration des mutuelles au Rwanda passe de 7% à plus de 90%, le taux de fréquentation des points de santé évolue de 31% à 95%, l'indicateur de mortalité maternelle et infantile diminue de près de 50%. Mais l'augmentation d'un facteur cinq des dépenses de santé ne plaide pas en faveur d'une possible corrélation entre la pénétration des mutuelles de santé dans la population et les progrès relatifs à l'accès aux soins et à l'amélioration des indicateurs de santé. Il a été constaté que dans la même période un Rwandais dépense pour sa santé 58 $ (2018) au lieu de 10 $ (2003) dont une maigre proportion de 3% est apportée par les mutuelles et 20% représente la contribution des bailleurs de fonds et du gouvernement.

Même si le règlement direct des services de santé peut être indexé dans une certaine mesure, on remarque surtout que l'accès universel aux soins de santé est limité par les primes d'assurance et les tickets modérateurs certes moins onéreux qui, en réalité, constituent les obstacles financiers les plus significatifs pour les populations rwandaises. D'ailleurs, on observe qu'à la suite de la subvention de l'adhésion à la mutuelle et de la suppression des tickets modérateurs le taux de visite aux points de prestations de services de santé augmente considérablement. On note en outre que la présence d'un personnel de santé compétent en nombre suffisant, l'existence d'une gestion rigoureuse mais aussi la disponibilité de médicaments et d'équipements modernes contribuent aussi à améliorer le taux de fréquentation.

Toutefois, le Rwanda a eu du mal à atteindre par son régime de mutuelles de santé la couverture maladie universelle. Les primes d'assurance, les tickets modérateurs et les subventions ne cessent d'augmenter pour faire face aux frais généraux occasionnés par l'administration du programme mais aussi prendre en charge les faibles revenus générés par les mutuelles malgré une adhésion massive des populations. La conséquence à long terme risque d'être l'exclusion des pauvres du système. Même si les primes d'assurance et les tickets modérateurs sont moins onéreux que les paiements traditionnels directs des soins de santé, ils continuent toutefois de constituer un obstacle financier pour beaucoup de rwandais. **La pauvreté limite ainsi l'accès universel des populations aux soins de santé.**

Les succès de la politique de santé du Rwanda s'expliquent moins par la stratégie de financement par les mutuelles que par la mobilisation des populations autour de la volonté de leurs dirigeants, par l'efficacité administrative, par les performances économiques du pays, par l'investissement stratégique de l'État dans la santé mais aussi et surtout par les subventions de l'État et des bailleurs de fonds.

Les modalités variées des régimes de mutuelles de santé expérimentés dans divers pays africains pour arriver à l'implémentation de la CSU sont toutes limitées par leur viabilité financière et leur incidence sur l'accès aux soins. Hormis une couverture de 91% pour la mutuelle du Rwanda, les expériences dans les autres pays indiquent que moins de 10% des populations ont souscrit aux mutuelles.

La Couverture Maladie Universelle au Sénégal

La Couverture Maladie Universelle (CMU), qui « repose sur la vision d'un Sénégal où tous les individus, tous les ménages et toutes les collectivités bénéficient d'un accès universel à des services de santé promotionnels, préventifs, curatifs et ré-adaptatifs de qualité sans aucune forme d'exclusion » est installée au Sénégal en septembre 2013 par le Président Macky Sall. La stratégie de CMU repose sur la mutualisation du risque et du prépaiement (WHO, 2010) associée aux politiques d'exemption ciblées (gratuité de la césarienne, des soins pour les enfants de 0 à 5 ans, des soins pour les personnes âgées de 60 ans et plus et de la dialyse ainsi que le Plan Sésame destiné au 3e âge) et aux mécanismes traditionnels de protection sociale du secteur formel (agents de l'État couverts par l'État via l'imputation budgétaire, les retraités par l'IPRES tandis que les salariés du secteur privé par les Institutions de Prévoyance Maladie (IPM)) mais aussi sur le développement des mutuelles de santé à base communautaire afin de prendre en compte les acteurs des secteurs informel et rural. Le Sénégal a atteint une couverture de 47% de sa population en 2017, une progression par rapport au 20% de 2012[8].

La création et le développement de mutuelles de santé ont été soutenus par des moyens humains, techniques et financiers considérables à travers l'Agence de la CMU. La cotisation dans les mutuelles de santé par collectivité locale a été subventionnée par l'État pour favoriser l'adhésion des populations. Le budget de l'Agence de la CMU créée en 2015 se chiffrait à 60 milliards de FCFA en 2016, dont 3 milliards issus des partenaires au développement et un prêt concessionnel de plus de 40 milliards de FCFA accordé par le Japon.

Nous constatons en le regrettant que les mutuelles de santé n'ont pas permis d'étendre la couverture du risque maladie au sein de la population à cause du faible appui des pouvoirs publics et de la modicité des montants des cotisations, ce qui se traduit par une offre de paquets de prestations non attractive aux adhérents.

---

[8] Les mutuelles de santé subventionnées comme instruments de la Couverture Maladie Universelle au Sénégal, Celine Deville, université LIEGE.

Le partenariat entre les mutuelles de santé communautaires, les collectivités locales et l'État se concrétise par l'extension et l'harmonisation des paquets de services offerts par la mutuelle de santé, par une subvention étatique des cotisations de 50% (soit 3500 FCFA de l'État contre 3500 FCFA du bénéficiaire) et de 100% pour les ménages bénéficiaires du programme de Bourse de Sécurité Familiale et les titulaires de la Carte d'Egalité des Chances. Il a fallu une grande implication de l'État dans l'appui technique et financier aux mutuelles.

Les familles bénéficiaires du programme de Bourse de Sécurité Familiale (BSF) et de la Carte d'Egalité des Chances représentent la majorité des bénéficiaires des mutuelles de santé. Leur cotisation dans les mutuelles où elles sont progressivement enrôlées est entièrement subventionnée par l'État. En 2016, seuls 755.654 sur les 2.255.786 bénéficiaires des mutuelles de santé cotisent effectivement. Ils font 33% contre 66% des bénéficiaires de la BSF et 5,28% de la population sénégalaise[9].

Le manque d'information, le faible niveau de revenu associé à la grande taille des ménages, la faible qualité des soins et l'éloignement des formations sanitaires voire les politiques de gratuité sont identifiés comme les facteurs qui entravent l'adhésion et la fidélisation dans les mutuelles de santé. Le paiement des cotisations en nature, la prise en charge des maladies chroniques, la gratuité du transport, les conventions avec plus de structures sanitaires et la révision du ticket modérateur pourraient se présenter comme des réformes qui encouragent l'adhésion des populations. Sous ce rapport, selon certains spécialistes, une loi rendant obligatoire l'adhésion dans les mutuelles de santé communautaires à l'instar du Rwanda et du Ghana pourrait booster l'adhésion aux mutuelles qui est aujourd'hui encore volontaire au Sénégal. Mais peut-on obliger quelqu'un à cotiser de l'argent qu'il n'a pas ?

Par ailleurs, le paiement « après service rendu » et les longs délais de paiement de l'Agence de la CMU aux prestataires conventionnés mettent les mutuelles de santé en difficulté. Les mutuelles de santé devront prendre en charge près de 2.400.000 bénéficiaires sur le territoire national mais ces retards de remboursements les découragent à enrôler de nouveaux bénéficiaires. Un total de 62% seulement des bénéficiaires de la BSF bénéficient régulièrement des prestations de services. Les première, deuxième, troisième et quatrième générations de bénéficiaires de la BSF, très nombreuses, éprouvent encore d'énormes difficultés pour être pris en compte. Pour ne pas mettre en faillite les mutuelles de santé en accueillant l'afflux de nouveaux bénéficiaires, il faudrait développer de nouvelles modalités de financement (de l'État) qui respectent la logique du prépaiement et une bonne politique de fourniture des médicaments essentiels qui constituent, en ce moment, la moitié du montant des sommes remboursées

La politique sanitaire **d'assurance maladie volontaire** basée sur l'appui aux mutuelles de santé subsidiées est une orientation prise de longue date par le Sénégal. Les mutuelles de santé ont été promues et mises en avant comme solution principale au problème de l'accessibilité financière et de la protection contre le risque maladie des acteurs du secteur informel et rural au Sénégal. L'augmentation constante des besoins de financement soulève cependant des questions de viabilité. Malgré un paquet de services de plus en plus attrayant et de nombreuses campagnes de sensibilisation et de promotion, le faible taux d'adhésion de la population reste toujours un défi de taille à relever. Toutefois, il est intéressant de noter que les populations pauvres et indigentes généralement exclues des organisations mutualistes représentent une majorité de leurs bénéficiaires grâce à leur cotisation entièrement subventionnée par l'Etat[9]. Les mutuelles de santé jouent un rôle central en tant qu'instruments de la couverture maladie universelle. Elles font face cependant à de nouveaux défis relatifs à la recherche d'un équilibre entre autonomie, représentation communautaire, professionnalisation et prestation de services publics. Elles ne peuvent constituer qu'une « solution transitoire » car la mission dépasse les compétences.

L'Assurance Maladie Obligatoire (AMO)

Au Sénégal la CMU ne prend en compte que les risques financiers en négligeant la prévention et l'offre qui du reste est la plus importante. Elle repose sur la réforme des institutions de prévoyance maladie (IPM), le renforcement et le développement des mutuelles de santé et le renforcement des politiques de gratuité, entre autres. Le coût des soins de santé constitue un lourd fardeau pour les ménages généralement démunis. Ces dépenses peuvent les conduire au-dessous du seuil de pauvreté. Les populations courent le risque de ne pas pouvoir se faire soigner ou d'interrompre leur traitement. Les frais de santé pèsent le plus sur les ménages dans nos pays où les dépenses publiques de santé sont faibles. Les États doivent inventer des solutions pour prendre en charge la sécurité sanitaire de leurs citoyens au lieu de se décharger sur les partenaires internationaux. **Le financement public est donc essentiel pour la mise en place d'une couverture maladie universelle dans le cadre d'un modèle d'organisation des services de santé mixte, privé et public.**

L'absence d'un système universel et obligatoire fait que les individus sont mal couverts. Le modèle *« un citoyen, un revenu »* offre une alternative avec des solutions plus pertinentes, plus efficientes et plus réalistes. Ce modèle propose une assurance maladie obligatoire (AMO) fondée sur une adhésion obligatoire des populations aux sociétés d'assurances de santé, sur une distribution territoriale de la santé ainsi qu'un accès universel à la santé plus équitable, plus juste et plus efficace. Il met à la disposition des caisses d'assurance plusieurs milliards de FCFA à raison d'une prime d'assurance maladie mensuelle par habitant pour financer partiellement les prestations de services de santé. La couverture sanitaire va des frais de consultation à l'hospitalisation en passant par le traitement et par l'accès aux soins et aux médicaments. Comparé à la dépense nationale de santé de 530.4 milliards FCFA établie par le rapport des comptes nationaux de la santé 2014-2016, le financement partiel (sans les tickets modérateurs éventuellement) de la couverture maladie universelle basé sur le modèle « **un citoyen, un revenu** » est visiblement assuré et viable. Le paiement de la prime d'assurance et des tickets modérateurs qui devraient constituer des barrières financières liées à la précarité financière des populations est désormais garanti car leurs revenus sont devenus réguliers et permanents grâce au revenu de base généralisé (RBG).

La couverture maladie universelle repose essentiellement sur un traitement de qualité et d'équité, sur la protection des ménages contre le risque financier et enfin aussi sur la prévention et l'offre. Le projet ***« un citoyen, un revenu »***, à travers l'assurance maladie obligatoire, distribue pour le marché sanitaire un pouvoir d'achat sur tout le territoire national. Tout prestataire privé peut fournir ses prestations partout dans le pays sans crainte de banqueroute. Les cliniques privées peuvent se délocaliser de Dakar puisque désormais le paysan au même titre que l'avocat est capable au moyen de son AMO de payer tous ses soins de santé et ses médicaments sans encourir un risque financier. L'offre de santé gagne aussi dans ce cas de figure car elle se développe partout sur le territoire. Les plateaux techniques se relèvent, le déficit de personnel qualifié et leur inégale répartition sur l'étendue du territoire sont remédiés et la gouvernance sanitaire s'améliore.

L'assurance maladie obligatoire (AMO) dont le caractère obligatoire assure la pénétration à 100% dans les populations est un concept très adapté aux pays sous-développés et pauvres. Elle favorise un redéploiement des cliniques privées et des plateaux techniques médicaux sur tout le territoire national en créant une véritable économie décentralisée de la santé puisque l'assurance paie désormais les factures. Le marché de la santé devient solvable aussi bien dans le monde urbain que celui rural. Le paysan, l'éleveur, le pécheur, l'ouvrier, le chauffeur, … deviennent plus productifs grâce à un accès aux soins et aux médicaments plus facile et moins coûteux voire gratuit. L'insécurité sanitaire liée à la vente illicite des médicaments dans la rue disparait mécaniquement. L'AMO est en outre un modèle de financement du système de la santé et sert de **système d'information et de statistique relatif aux patients, aux médicaments et aux maladies.**

La santé est la chose la plus importante au monde mais aussi la plus chère. Le bien-être physique et moral est une condition nécessaire pour l'épanouissement individuel et le développement économique et social. En principe, la santé ne devrait rien coûter au citoyen, son accès devrait être un droit universel, un fait consacré par l'adoption du modèle ***« un citoyen, un revenu »***.

Chapitre 3 :

La bourse universelle pour les bacheliers (BUB)

La situation de l'enseignement supérieur

L'Université sénégalaise ne cesse d'être perturbée par des crises récurrentes liées au social et au pédagogique. Elle est fréquemment secouée par des évènements tragiques et regrettables qui posent la problématique de la prise en charge financière des problèmes de l'enseignement supérieur. Le financement de l'enseignement dans nos pays caractérisés par la pauvreté et le sous-développement reste un défi aussi bien pour l'État que pour les ménages. Les problèmes de l'enseignement supérieur nous interpellent tous et nous invitent à réfléchir à des solutions innovantes, pertinentes et durables.

La concertation nationale sur l'avenir de l'enseignement supérieur (CNAES) qui devrait apporter des réponses appropriées à la crise universitaire n'a pas répondu à toutes ses promesses. En effet, au lieu de nous faire progresser, les recommandations nous ont fait reculer en aggravant la charge des ménages par une pression financière dont les effets vont tendre à priver la majorité des fils de paysans et d'ouvriers du droit d'accéder à l'enseignement supérieur par une sélection qui ne dit pas son nom.

Il a été constaté « que la grande majorité des étudiants ont des pères vivant en zone urbaine (59%), ayant un niveau d'instruction supérieur ou secondaire (59,6%) et un statut socioprofessionnel de cadre (supérieur et moyen) ou d'employé (45,5%) ». Cette lourde tendance est accentuée par la sélection financière introduite par les nouvelles recommandations de la CNAES. Une majorité écrasante des sénégalais sont pauvres et ne peuvent pas envoyer leur progéniture dans le privé. L'explosion des effectifs dans les classes de sixième en atteste éloquemment. Les fils des pauvres seront de plus en plus exclus de l'enseignement. A titre d'illustration, 35% des élèves en moyenne réussissent au bac contre 65% qui sont éjectés. Combien de génies ont été autrefois éliminés par les rigueurs du concours à l'entrée en sixième et que les réformes de l'actuel système adoucies ont heureusement aidés en leur donnant la chance de poursuivre leurs études. La qualité s'obtient aussi par la quantité qui consiste à élargir la base de la sélection. **La démocratisation de l'enseignement répond exactement à cette préoccupation de ne pas exclure des génies potentiels en réservant à une élite le droit à l'enseignement.** Les pauvres peuvent produire aussi des esprits brillants. Ils sont, d'ailleurs, plus motivés, en dépit de leurs nombreuses difficultés.

Les étudiants sont mal nourris, mal logés, dorment mal et ne se reposent pas à cause des tracasseries de toutes sortes. Les parents qui tirent le diable par la queue ne peuvent rien faire pour transformer leurs mauvaises conditions de vie. Il serait donc irrationnel de leur demander une contribution financière plus consistante. Ceci est en contradiction flagrante avec la bourse de sécurité familiale qui reconnait l'existence des couches vulnérables auxquelles elle veut venir en aide. Transmettre un savoir à ces sujets dans de telles conditions relève d'une gageure. Il est connu et reconnu que peu de sénégalais ont la possibilité de recourir au privé. Il faut donc des solutions innovantes.

Face à tous ces éléments, l'on peut légitimement se demander de quelle manière les objectifs assignés aux contrats de performance (CDP) d'un coût de 24 milliards seraient atteints. Ces dits objectifs, qui tournent autour de l'amélioration de l'efficacité interne, l'utilisation des technologies de l'information dans les stratégies pédagogiques, du renforcement des liens avec le monde du travail, de l'amélioration de la qualité de l'enseignement et de l'amélioration de la gouvernance n'ont pas connu plus de succès.

Les problèmes de l'enseignement supérieur au Sénégal peuvent se résumer en un déficit de financement, en une instabilité du calendrier académique et en un déséquilibre de la population des étudiants ayant un bac littéraire (70%) et un bac scientifique (30%). Soulignons en passant que 82% des candidats au bac en 2022 sont littéraires malgré la promotion des STEM lors du CNAES. Ces aspects n'occultent pas l'insuffisance des capacités d'accueil des infrastructures sociales, pédagogiques et didactiques. Les conséquences de la rareté des ressources financières disponibles n'épargnent pas le déficit de l'équipement des laboratoires de recherche et le manque de ressources humaines capables de prendre en charge l'enseignement, l'encadrement et la recherche. La situation de l'université se caractérise aussi par l'irrégularité du paiement des bourses et des vacataires qui travaillent toute une année sans être rémunérés, des menus du restaurant à la limite incomestibles, des chambres des cités universitaires surchargées, un système LMD non maitrisé qui peine à rompre avec l'ancien système, etc. L'explosion des effectifs dans les facultés de lettres, de sciences économiques et juridiques pour ne citer que celles-là a des incidences néfastes sur la qualité des enseignements et le taux d'encadrement des étudiants en master et thèse. L'instabilité du calendrier universitaire réduit le quantum horaire, perturbe les vacances et les congés des étudiants et des enseignants qui sont obligés de travailler durant toute l'année sans répit.

Le modèle financier de l'enseignement supérieur : la bourse universelle

Chaque fois des débats, des séminaires, des assises, etc. trop riches en émotions, en informations, en belles phrases et intentions mais trop pauvres en solutions sont organisés. Le statuquo continue. Le problème de l'Université est, selon nous, lié à l'inexistence d'un modèle financier pertinent, efficace et viable. L'enseignement, comme la santé, coûte excessivement cher. Sans un modèle financier pertinent, réaliste et efficient, l'Université sera toujours secouée par des crises. Elle ne pourrait en outre remplir aucun contrat de performances quelles que soient la volonté et les sacrifices des acteurs.

C'est pourquoi, dans le cadre du projet ***« un citoyen, un revenu »***, nous proposons un modèle financier de l'enseignement supérieur basé sur l'octroi d'une bourse universelle (de 100.000 FCFA à titre indicatif) à tous les étudiants. La généralisation de cette bourse accordée à tous les étudiants pourrait contribuer à remédier aux fléaux qui menacent l'enseignement supérieur en favorisant la stabilisation de l'année académique.

Ce modèle financier apportera chaque année à l'université une somme plus importante que le crédit (24 milliards) octroyé à l'État par la banque mondiale durant cinq ans au titre des contrats de performances (CDP). Cette manne permettra de faire face au paiement des vacataires, à l'équipement des laboratoires et des plateaux de recherche, à la documentation bibliothécaire, etc. sans compter les prestations de service d'hébergement et de restauration dans les cités universitaires. Le patrimoine matériel des cités universitaires sera loué à des prestataires privés qui vont se charger de l'exploitation. Cependant, les prestations du service social universitaire ne seront plus subventionnées. On appliquera au loyer et à la nourriture la vérité des prix.

La suppression des subventions rétablit l'équité entre les étudiants. **Elle remet en cause l'inégalité d'accès aux œuvres universitaires et sociales au détriment des étudiants qui vivent à l'extérieur des cités universitaires mais en faveur de ceux qui vivent à l'intérieur des cités universitaires et le plus souvent bénéficiaires de bourses.**

La bourse universelle est un outil pour démocratiser l'accès à l'enseignement supérieur mais aussi un instrument pour financer les activités courantes des universités et prendre en charge les besoins sociaux des étudiants tels que la nourriture, le logement, etc. Les impacts négatifs des mauvaises conditions de vie des étudiants sur l'échec et l'abandon universitaire ne sont plus à démontrer. La bourse universelle sert à payer les frais mensuels (ou mensualités) pour les prestations de services d'enseignement à l'université et à améliorer les conditions sociales des étudiants. Ce modèle financier permettra à l'université de gagner par année une somme qu'elle n'a jamais pu mobiliser auparavant et qui lui permet d'améliorer considérablement son environnement infrastructurel, pédagogique et de recherche mais aussi la qualité et le label de son enseignement.

Toutefois, les étudiants, qui trouveront chers le loyer et la nourriture au campus, pourront acquérir des appartements en habitat collectif en ville sous une facilitation de l'État. Notons que la tendance pour les étudiants en Europe est de loger en ville. Cette bourse universelle aidera les étudiants à être plus responsables en dehors de toute tutelle de l'Etat mais aussi à pacifier et à stabiliser durablement le climat social à l'université. Le fait que chaque étudiant qui perd sa bourse est conscient qu'il doit mensuellement débourser une somme (pour payer sa mensualité) pour continuer ses études va le motiver à prendre plus au sérieux sa réussite.

Le crédit bancaire aux étudiants en Angleterre et aux USA

Notons, à titre de comparaison et d'information, que le modèle financier des études supérieures dans les pays développés tels que l'Angleterre et les USA est basé sur l'octroi de crédits bancaires aux étudiants. Dans le but de financer leurs études supérieures un prêt bancaire est octroyé aux étudiants américains à des taux très bas. Ils commencent généralement à le rembourser lorsqu'ils rentrent dans la vie active, dans le marché du travail. C'est le modèle de financement des études le plus fréquent aux États-Unis.

On accorde en particulier le prêt étudiant aux jeunes dont l'âge est compris entre 18 et 25 ans. Il faut être un étudiant inscrit dans un établissement d'enseignement supérieur pour bénéficier d'un tel emprunt. Une caution et une assurance décès sont généralement exigées par les banques. L'étudiant demande un prêt dont le montant est fixé en fonction de ses charges scolaires. Pour financer un MBA, le montant moyen du prêt est de 42 000 $ mais s'élève à 140 000 $ pour les études de Master. L'étudiant américain commence très souvent sa vie active avec une dette de 35.000 $ en moyenne. **Les remboursements qui représentent 10% des revenus mensuels s'effectuent dès le début de la carrière professionnelle.** Les étudiants américains paient pour leurs frais annuels de scolarité des sommes qui varient entre 5.000 dollars et plus de 50.000 dollars pour les universités les plus prestigieuses (Colombia, Yale, Dartmouth…).

Le montant total des prêts étudiants est estimé à 1.700 milliards de dollars, d'après un rapport de la Fed de juin 2021. Il constitue derrière l'immobilier le deuxième poste d'endettement des ménages. Le fardeau des remboursements fait baisser le niveau de vie des jeunes américains au détriment de l'économie toute entière. Un adulte sur six est concerné. L'encours de la dette a été multiplié de 2003 à

2018 par six tandis les défauts de remboursement ont vu leur montant presque doublé sur les cinq dernières années. Pour éviter le risque de voir les défauts de paiements se multiplier, le président républicain Donald Trump a décidé, dans le cadre de la crise du covid, de geler jusqu'en 2021 au moins 1 400 milliards de dollars dus par d'anciens étudiants américains. Le candidat démocrate Joe Biden propose à la place d'annuler une partie de la dette dans le cas où il est élu président (promesse tenue à travers l'annulation de 400 milliards de dollars de dette en octobre 2022). 40 millions d'Américains sont concernés.

Ce modèle valable dans un contexte favorable à l'accès des ressources humaines qualifiées à l'emploi est toutefois en train de montrer ses limites. Les étudiants s'écroulent sous le poids d'un endettement excessif non remboursable dans une situation où l'emploi se fait rare.

Notre modèle financier qui repose sur la bourse universelle des étudiants, plus adapté aux pays pauvres et sous-développés, mutualise par contre le remboursement du crédit accordé individuellement à l'étudiant par l'État sous forme de bourse universelle pour éviter les défauts de paiement. **Les étudiants bénéficiaires de ce système doivent verser une contrepartie (de 1% de leur revenu mensuel à titre indicatif) selon un taux faible et différencié de leur revenu durant leur vie active.** Cela permet de réduire la contribution de l'État au financement de l'enseignement supérieur pour s'en affranchir définitivement à long terme. Le montant de la contrepartie acquittée durant 20 ou 35 ans par les alumnis bénéficiaires de ce système servira désormais à financer progressivement mais à terme, entièrement et de manière autonome, l'enseignement supérieur. Notons que dans des pays caractérisés par la rareté de l'emploi comme le nôtre, la mutualisation du remboursement du crédit prend tout son sens : les plus chanceux qui ont des revenus vont compenser le déficit provoqué par les moins chanceux dépourvus de revenus ou par les personnes décédées.

Le modèle financier proposé pourrait être accompagné, à côté de la location du patrimoine déjà existant à des opérateurs privés, par la construction de cités universitaires modernes sous formes de maquettes inspirées ou recommandées par l'Etat mais entièrement financées et exploitées par le privé.

Une agence de gestion, d'emplois et de recouvrement (AGER) sera chargée de gérer les bourses, de recouvrer la contrepartie des alumnis bénéficiaires et d'explorer pour les étudiants les possibilités de travail qui existent sur le plan national et international.

Enseignement au 21e siècle

Le 21e siècle ferme un cycle d'histoire de la pensée et de l'action en bouclant 2000 ans de civilisation. Il est temps de rompre et de renouveler la pensée, les méthodologies et les habitudes héritées de nos modèles scolaires et universitaires usés et vieillots. Il nous faut renouveler notre réflexion et notre pratique pour réorienter notre école et notre université dans le cadre d'un nouvel ordre pédagogique et didactique bâti sur le progrès technique et scientifique marqué par un environnement numérique, technologique et globalisé.

L'organisation du savoir, du savoir-faire, du savoir-être ainsi que leur transmission et leur développement ont toujours constitué des défis pour l'enseignement dont ils représentent les objectifs fondamentaux. L'enseignement, de par ses objectifs, a pour but de préparer la jeunesse à la qualification professionnelle et aux responsabilités civiles et sociales. La finalité de l'enseignement n'est pas de délivrer des diplômes. L'école n'est pas une usine qui fabrique des diplômés. D'ailleurs, le diplôme ne mesure-t-il pas la capacité de l'étudiant à rendre ce que l'enseignant lui a appris au lieu de mesurer son intelligence? Dans notre système actuel, quelqu'un incapable d'obtenir une moyenne ou un diplôme n'est pas intelligent, il doit être donc rejeté de l'école. Seuls poursuivent leurs études ceux ou celles aptes à franchir ces barrières que représentent les moyennes et les diplômes. Les inaptes redoublent plusieurs fois avant d'être exclus de l'école : gaspillage et perte de temps et d'argent. « L'école nous vole notre temps. Elle peut nous garder vingt-cinq ans tout en sachant qu'elle ne peut rien nous offrir à la fin (ni emploi ni travail). Elle est certes une voie où on peut gagner sa vie, mais elle est aussi une voie où on peut risquer sa vie. On ne peut pas passer toute une vie et toute une jeunesse à la recherche d'un papier où on écrit nom, prénom, diplôme frappé d'un cachet tout juste pour devenir chômeur. Un master qui ne donne pas un travail n'est-il pas un faux master? On prend huit heures de cours par jour à l'université pour n'apprendre rien d'autre que des cours que l'on ne peut pas appliquer! Oublie-t-on que ceux qui ont construit les pyramides n'avaient pas de diplômes mais des compétences ! Un peuple ne meurt pas par manque de diplôme mais par manque de connaissance et de compétence. Nous devons donc aller à la quête de la connaissance et de la compétence. **Pour cela, il faut savoir lire, écrire et raisonner pour devenir autodidacte, c'est l'essentiel** ».

En définitive, ce modèle de sélection-élimination doit évoluer vers un modèle de sélection-récupération plus performant, plus pertinent et plus rationnel.

Qu'est-ce-que l'État gagne par le redoublement ou l'exclusion d'un élève ou d'un étudiant ? Retenir un élève ou un étudiant une fois dans la même classe, équivaut à le financer doublement et trois fois, à le financer triplement. Cela se traduit par un manque d'efficience et d'efficacité du budget de l'enseignement. Le financement des bourses, le service social des cités universitaires ainsi que la capacité d'accueil et d'encadrement pédagogique des étudiants et des élèves augmente d'année en année. Il faut recruter de plus en plus d'enseignants, construire de plus en plus de salles de classe et d'amphithéâtres, de restaurants, de logements dans les cités universitaires, etc… La perte sur le plan financier liée au redoublement s'accompagne fréquemment de l'exclusion de l'élève ou de l'étudiant. Quel gâchis ! Il devient un citoyen sous-instruit, sous-développé, d'un niveau intellectuel très bas qui se promène dans la rue. Il en résulte une perte socioéconomique sur fonds de drames psychologiques et sociaux chez les parents et l'étudiant. L'État ne gagne rien, au contraire, il perd tout. Notre système est donc autant irrationnel financièrement qu'inefficace socialement. Exclure un jeune du circuit scolaire ou universitaire pour l'unique cause qu'il est inapte à obtenir un diplôme ou une moyenne n'est rentable ni socialement ni économiquement. La rationalité financière et socioéconomique recommande qu'on le maintienne à l'école en l'autorisant à passer en classe supérieure sans redoubler et sans être exclu. L'État gagnerait financièrement, socialement et économiquement. On obtiendra un produit instruit, cultivé et développé, un citoyen libre et responsable, capable de se battre pour se faire une place dans une société où l'ignorance aura tendance à disparaitre.

En conséquence, notre proposition est un modèle d'enseignement où le redoublement et l'exclusion sont bannis. Nous n'exprimons ici que le vœu intime de tout enseignant. Aucun professeur n'aimerait que son élève redouble ou soit exclu ! Il est en outre établi qu'un étudiant de master qui n'a jamais eu de moyenne en électromagnétisme par exemple parvient à l'enseigner à ses petits frères de première année quand il devient chargé de travaux dirigés. C'est comme si les connaissances avaient besoin d'un temps de latence et de fermentation. Notons en passant que dans le système scolaire anglais le redoublement est quasi inexistant et le choix de matières obligatoires se substitue aux séries. Les résultats aux examens finaux servent à indiquer la valeur du niveau de l'élève ou de l'étudiant plutôt que de servir de porte d'entrée obligatoire pour la classe supérieure[9]. La formation de qualité des enseignants et l'absence de stress dans un système qui ne connait pas le redoublement caractérisent aussi le système finlandais[10].

Nous allons supprimer parallèlement les séries et réduire le parcours scolaire pour que les jeunes sortent avec un niveau bac à 16-17 ans et licence à 19-20 ans. La suppression des séries sera remplacée par le choix de matières de base obligatoires comme en Angleterre. Dans ce modèle les notes évaluent aussi bien l'enseignant que l'apprenant. Ce qui motive et donne plus de responsabilité à l'enseignant dans la prise en charge de l'encadrement pédagogique des élèves et étudiants. L'étudiant pourra poursuivre ses études jusqu'en Licence s'il le désire. Toutefois, l'élève a l'obligation de rester à l'école jusqu'au niveau troisième ou terminale. L'accès au master et au doctorat se fait comme aujourd'hui par sélection. Chaque citoyen a néanmoins le droit de présenter une candidature libre pour passer un examen quelconque à tout moment et autant de fois qu'il le veut et le peut. Le citoyen sénégalais aurait en général un niveau de Licence. Le niveau intellectuel et la capacité de la société entière s'élèvent et se renforcent. L'évolution de la population scolaire et universitaire suit la courbe de la progression du taux de croissance démographique. Les générations se suivent et se succèdent. Les capacités d'encadrement et d'accueil

---

9 https://devenirbilingue.com/expatriation/scolarite-a-l-etranger/systeme-scolaire-angleterre/.

10 https://fr.wikipedia.org/wiki/Syst%C3%A8me_%C3%A9ducatif_en_Finlande

deviennent peu élastiques ou se conservent une fois la transition terminée. L'achèvement et la stabilisation du nouveau modèle conduisent à des budgets de l'enseignement non seulement prévisibles mais légèrement variables. Le système encourage la prise de conscience du parent, de l'étudiant et de l'enseignant de leur devoir en les mettant devant leurs responsabilités. Nous sommes tous libres mais nous devons être tous responsables. Pas de liberté sans responsabilité. La liberté sans la responsabilité est une voiture sans pilote. Elle peut se déplacer sans savoir où elle va. Au lieu de jeter les enfants qui ont échoué aux examens ou qui n'ont pas de moyenne dans la rue, on les maintient dans l'école pour élever leur niveau intellectuel. N'est-ce pas plus rationnel et plus utile à la société que de les jeter dans les rues ? Nous aurons des instituteurs, des professeurs de collèges et lycées, bref des ressources humaines plus qualifiées, un capital humain de niveau licence mieux formé et de bonne qualité. Voilà le fondement de base de nos innovantes propositions assis sur une bourse généralisée, des logements différenciés au choix et une absence de redoublement.

Gardons-nous bien de penser que ces propositions soient utopiques, irréalisables ou irrationnelles. Il nous suffit juste de lever les yeux sur la réalité ambiante pour changer d'avis. En effet, il y a lieu de noter que les garages de mécaniciens, d'électriciens, de tôliers, les ateliers de menuisiers, de couture, les salons de coiffure,... qui composent ce que nous appelons notre **« école de formation professionnelle informelle »**, constituent des salles de classe où le transfert de compétences est très efficace. Les produits de cette école nous réparent nos voitures, nous installent l'électricité dans nos appartements, nous réparent nos robinets, nous construisent nos maisons, nous habillent et nous coiffent,...

Dans cette « école de formation professionnelle informelle », le transfert de compétences se fait dans une langue du pays, loin de l'encombrement et de l'ennui des formules des mathématiques ou de la physique. D'ailleurs, il n'y a ni série littéraire ni scientifique dans ce système de formation. Cette école est plus performante que notre fameuse «école professionnelle formelle» du point de vue du transfert de compétences, de l'employabilité comme de l'insertion professionnelle. L'acquisition des compétences qui peut durer trois à cinq ans selon les dispositions intellectuelles de l'apprenant n'est pas sanctionnée par un diplôme. L'auto-emploi est leur première modalité d'insertion professionnelle, sinon l'unique. Les produits de cette école sont les premiers pourvoyeurs de revenus des ménages. Cette école est la première pourvoyeuse d'emplois dans le pays.

On nous a tympanisé les oreilles dans les séminaires chèrement financés par l'État, avec l'approche par compétence (APC), l'auto-emploi, l'employabilité, que sais-je encore, alors que sous nos pieds des gens invisibles et inaudibles les appliquent et les réussissent à merveille. Tant que l'étranger ne nous indique le chemin avec des solutions exogènes, nous n'irons nulle part tel l'aveugle qui ne voit rien et se cogne la tête dans l'obscurité.

Nous avons créé l'école sans diplôme, nous avons créé l'école enracinée dans l'approche par compétence, auréolée de l'auto-emploi, qui garantit l'employabilité. Cette école pourrait accueillir tous ceux qui dans le circuit scolaire et universitaire ont envie de poursuivre une carrière professionnelle. Tout en maintenant l'âme de cette école, nous devrions renforcer ses capacités d'encadrement et d'apprentissage. N'oublions pas de faire un clin d'œil à l'école coranique dont les procédés mnémotechniques nous garantissent une mémoire d'éléphant mais qui ne délivre pas non plus de diplôme pour évaluer des connaissances ou des compétences. Comme Monsieur Jourdain qui fait de la prose sans le savoir, nous avons bâti l'école du 21e siècle sans le savoir!

Nous devons constater que les bacheliers, les licenciés et les docteurs qui réussissent dans ce nouveau système à double cohorte (diplômés et non-diplômés) n'ont rien à envier à leurs ainés. Ils sont au contraire plus jeunes, plus frais, plus aptes et plus compétitifs. **La technique de sélection appliquée dans ce système où deux cohortes se côtoient, une de diplômés et une autre constituée de sans diplômes, conduit alors à des produits de plus grande qualité. La sélection est plus efficace, plus pertinente et plus naturelle. Les plus doués et les plus aptes à la pédagogie moyenne (par opposition à une pédagogie personnalisée) en vigueur passent le filtre des diplômes et des moyennes sans pression ni contrainte, mais les moins doués et les moins aptes améliorent sans pression ni contrainte leur niveau intellectuel et leurs capacités en accédant à des connaissances de plus en plus approfondies et spécialisées.**

Les blocages et l'inefficacité des apprentissages chez les élèves et étudiants peuvent être liés à plusieurs facteurs dont on ignore souvent les causes. Il faut compter dans l'échec ou l'insuffisance de travail de l'élève ou de l'étudiant la part de l'incompétence pédagogique de l'enseignant, l'impact des conditions de vie et d'études mais également de l'environnement socioculturel et familial, pour ne citer que ceux-là. La note ne reflète pas que l'intelligence de l'apprenant mais peut aussi exprimer des facteurs inhibiteurs tacites insoupçonnés. De l'homme de Cro-Magnon à l'homo sapiens sapiens, il est évident que nos fils et nos petits fils deviennent de plus en plus beaux et de plus en plus intelligents! Le problème de la baisse de niveau ne relèverait-il pas plutôt d'une inadéquation pédagogique à transmettre le savoir dans des conditions environnementales socioéconomiques défavorables qu'à des inaptitudes intellectuelles à recevoir le message ? Permettre à un apprenant de se réveiller et de révéler ses aptitudes inhibées par une quelconque cause en lui accordant un délai adéquat de stimulation de ses capacités d'apprentissage relève d'une technique d'accouchement intellectuel efficace et rationnelle. Il faut retenir que tout étudiant sort dans cette nouvelle université de la réussite avec un diplôme et/ou un projet. Toutefois, les diplômes et les moyennes n'expriment qu'une présomption de savoir et de compétence, comme nous l'avons déjà souligné ! Ils sont des instruments de sélection plutôt que des outils d'évaluation des compétences. Reconnaissons que le talent et la passion pèsent plus que le diplôme !

De l'environnement digital de la société

Nous baignons aujourd'hui dans une ambiance sociale du savoir et de la connaissance. Le savoir et son accès deviennent de plus en plus démocratiques. L'environnement digital de notre société met à notre disposition des ressources pédagogiques et didactiques très accessibles. Les MOOC, les cours podcastés en ligne, les applications et les logiciels d'apprentissage, l'intelligence artificielle (IA) associée à l'industrialisation de l'apprentissage et de l'enseignement,... élargissent les horizons de l'autoapprentissage en offrant des opportunités inédites de carrières autodidactes. Encadrer et coacher un étudiant jusqu'au niveau licence le capacite et le prédispose à apprendre à tout moment et en tout lieu, en toute autonomie, des compétences variées et désirées. Le plus important est d'être capable de lire, d'écrire et de raisonner pour devenir autodidacte. Le challenge est donc pour l'étudiant d'avoir le courage, l'engagement, la volonté et la capacité pour accéder à tous les savoirs, à toutes les compétences. La transition de notre vieux modèle au nouveau modèle requiert toutefois de l'innovation et de l'imagination pour relever les défis auxquels nous serons sans doute confrontés.

C'est pourquoi, ces réformes audacieuses seront accompagnées par des passerelles pour acquérir des métiers et par une fréquence télé-enseignement, support d'apprentissage et de formation à distance. Le télé-enseignement pourrait servir à une mise à niveau des élèves et étudiants dans les matières scientifiques en décuplant leurs capacités d'apprentissage partout où ils se trouvent sur le territoire national. La formation par la télé qui dispense des cours et des TD à distance est plus adaptée au Sénégal que l'utilisation des cours en ligne qui requière la manipulation d'un ordinateur qui exige de l'apprentissage et qui coute tout de même cher. La rupture pédagogique est moins brutale et, en outre, le télé-enseignement présente un avantage incomparable au présentiel car il permet de visualiser les explications des cours et des TD enregistrés autant de fois que c'est nécessaire pour leur assimilation et leur compréhension. Il serait un appoint essentiel pour combler le déficit des capacités d'accueil des universités.

La suppression des séries dans le cycle secondaire associée au passage automatique sans redoublement ni exclusion du CI à la licence vise à relever le niveau intellectuel et scientifique de la société mais aussi à multiplier les chances et les choix des jeunes à accéder à plus de formations et de compétences professionnelles variées. L'UVS, la TNT, une télévision scolaire et universitaire, les mairies pour la mise en place «d'ENO populaires», parmi tant d'autres mesures, pourraient être mises à contribution. **L'avenir appartient à l'autoapprentissage et à l'acquisition de compétences de plus en plus variées, donc aux autodidactes !**

Notre conviction est que l'enseignement supérieur en tant que projet de quête de savoir, de savoir-faire et de savoir-être doit reposer sur une vision qui consiste á faire de chacun de nous un savant afin de relever le niveau de la qualité intellectuelle, morale, scientifique et technique de l'homme sénégalais voire africain pour le rendre performant dans un monde où le jeu et l'enjeu des interactions (économiques, scientifiques, sportives,...) se déroule dans un espace de compétition de plus en plus globalisé. Cette vision doit être portée par un concept qui favorise l'accès universel au savoir et la diffusion universelle du savoir et concrétisée par une stratégie fondée sur des principes de solidarité, d'équité et de justice sociale et mise en œuvre par des institutions publiques et privées. C'est à ce prix que la qualité de l'enseignement supérieur s'améliore et que notre nation comblera son retard.

La reconnaissance de la pertinence de ce modèle dépend néanmoins de notre aptitude à renouveler notre mentalité conservatrice, nos habitudes de penser et notre manière de voir la réalité mais aussi et surtout de la croyance à la possibilité de sa mise en œuvre expérimentale. Le critérium de la vérité, c'est la pratique.

Chapitre 4 :

L'éclairage par le solaire photovoltaïque (ESP)

L'énergie électrique est à l'économie contemporaine, ce que l'oxygène est à la vie. Notre vie de tous les jours n'a jamais été aussi dépendante de l'électricité. Elle conditionne la presque totalité de nos activités économiques, sociales, politiques et culturelles. Ainsi la demande en électricité ne cesse de croître au fur et à mesure que nos sociétés se développent et se modernisent par la science et la technologie. L'accès permanent et peu coûteux à l'électricité, qui constitue un facteur d'accélération des progrès sociaux, culturels et économiques, doit demeurer en conséquence un objectif principal. Ceci traduit l'intérêt que ne cessent de manifester les pays riches qui s'engagent à développer de plus en plus des stratégies et des concepts de production et de distribution de l'électricité à l'effet de permettre, de façon durable, son accès massif aux populations et sa disponibilité en tout temps en tout lieu. Des dispositions visant à améliorer l'efficacité énergétique et à réduire la consommation de pétrole dans les pays de l'OCDE ont été adoptées pour juguler les effets de la hausse des cours du pétrole. Dans les pays pauvres, cependant, les gouvernements semblent ne pas prendre l'exacte mesure de ce fait. C'est pourquoi il convient d'attirer l'attention des décideurs sur les effets positifs d'une sécurité et d'une qualité dans l'approvisionnement de l'électricité en proposant une diversification des sources de production, en particulier en mettant l'accent sur l'alternative photovoltaïque. ***La solution photovoltaïque est la seule qui pourrait rendre l'individu autonome relativement à son besoin en électricité.*** Autant pour être autonome par rapport à son besoin de mobilité, l'individu se paye une voiture, autant pour être autonome par rapport à son besoin de logement, il se construit sa propre maison, autant pour être autonome par rapport à son besoin d'électricité, il doit se payer une installation photovoltaïque domestique, donc produire sa propre énergie. Une voiture et une maison sont plus chères qu'une installation solaire mais nous les achetons pour satisfaire notre besoin d'autonomie. L'autonomie a un coût mais n'a pas de prix.

a) Des énergies fossiles et fissiles aux énergies renouvelables

La planète toute entière est menacée, à travers les émissions de gaz à effet de serre liées à l'utilisation des énergies écologiquement toxiques, par des risques de perturbations climatiques dont les effets et les incidences sur nos conditions de vie, de travail et sur la biodiversité sont imprévisibles. Les catastrophes naturelles liées aux inondations et aux tornades qui secouent la planète terre ces dernières années en causant beaucoup de dégâts matériels et humains interpellent notre conscience écologique. Ainsi, la conférence de Rio de 1992, suivie par celle de Kyoto en 1997 et les conférences des parties (COP), a constitué un grand moment de prise de conscience des fondements de notre sécurité écologique et climatique et de la qualité de notre environnement. Elle a encouragé l'abandon progressif des énergies fossiles à faible qualité environnementale, puisqu'ils dégagent beaucoup de gaz à effet de serre, l'arrêt de la prolifération des centrales nucléaires pour des questions de sécurité liées au péril radioactif mais aussi au traumatisme et à la psychose de Tchernobyl, tout en recommandant leur substitution par les énergies renouvelables à travers le développement de leur exploitation et de leur usage. Ainsi, la lutte des mouvements écologistes et anti-nucléaires a eu pour résultat d'orienter la volonté des politiques vers des options moins favorables à la prolifération des énergies fissiles. L'existence du marché du dioxyde de carbone (CO_2) à travers l'échange de permis d'émission de CO_2, malgré son efficacité douteuse, est une preuve de la volonté des autorités mondiales de réduire l'émission des gaz à effet de serre. Le débat sur la transition énergétique en faveur de l'utilisation et de l'exploitation des énergies renouvelables remet à l'ordre du jour l'intérêt grandissant que revêt la contribution des énergies vertes pour réduire la pollution de l'atmosphère qui perturbe l'équilibre biologique, sanitaire et climatique de la terre.

b) **L'alternative verte**

La technologie de production d'électricité a subi ces dernières années des mutations importantes relatives à l'apparition de nouvelles sources d'énergie liée à l'émergence d'une nouvelle conscience environnementale. Ces nouvelles sources d'énergie électrique, dites énergies renouvelables ou énergies propres ou énergies vertes, sont certes défavorisées face au rendement énergétique et financier très élevé des énergies fossiles et fissiles traditionnelles mais sont très appropriées et très recommandées pour la protection de l'environnement.

Les énergies renouvelables (éolienne, hydroélectricité, solaire, énergie des océans, géothermie, bioénergie, etc.) vont jouer un rôle décisif dans la transition énergétique qui constitue un enjeu important dans les prochaines années pour relever les défis de la disponibilité énergétique et du réchauffement climatique. La « déconnexion énergétique » des combustibles fossiles et fissiles vers les énergies nouvelles et renouvelables, dont les conséquences positives sur notre sécurité alimentaire et sanitaire sont éprouvées, doit demeurer un objectif stratégique pour notre pays. L'indépendance, la souveraineté et l'autosuffisance énergétique représentent des objectifs qui peuvent être atteints par l'accumulation de savoir et de savoir-faire relatifs à la maitrise des technologies vertes. Le devenir écologique, social voire économique de la planète et de l'humanité sera assuré par une rupture basée sur l'alternative verte dans la production, la consommation, l'exploitation et l'utilisation des énergies sales et polluantes. La Chine en investissant massivement par des subventions et des prêts dans l'appropriation et la maitrise des technologies vertes est entrain d'inonder le marché mondial par des produits solaires à bon marché qui mettent à l'épreuve toute concurrence. Les subventions généreuses aux compagnies pétrolières, gazières et charbonnières ne permettent que de continuer à masquer la cherté de l'énergie fossile face à l'énergie propre. À titre d'illustration, pour compenser 10% d'une hausse des tarifs d'électricité au Sénégal, 99 milliards de l'argent public sont injectés en 2019 (rapport CRSE 2019) dans la production et la distribution de l'électricité créant ainsi l'illusion chez les clients de la société nationale d'électricité, SENELEC, d'un kWh à bas prix. Selon nos estimations, le coût de la prise en charge de l'éclairage domestique par le photovoltaïque s'élèverait autour de 400 à 500 milliards pour un million d'abonnés de la SENELEC. Les subventions de l'État peuvent en quatre ans couvrir entièrement le financement de ce plan qui réduirait la puissance totale (1500 MW Rapport SENELEC 2020) fournie par le réseau électrique sans aucun apport des clients. L'accessibilité des énergies renouvelables grâce à une productivité croissante, fondée sur une maitrise technologique de plus en plus performante associée à la rareté et la cherté des produits fossiles, ne cesse de favoriser et d'accélérer l'augmentation de leur part dans la consommation énergétique mondiale. Pour décarboner nos économies et accélérer la transition énergétique, il faut soutenir la tendance à la baisse des prix provoquée par la Chine en achetant ses produits au lieu de verser de l'argent dans les trésors américain ou européen à travers la hausse de leurs taxes douanières. La « grid parity » ou « parité réseau » sera atteinte par le marché puisque les prix du photovoltaïque continuent de baisser tandis que leurs homologues de l'électricité conventionnelle ne cessent d'augmenter. Cette baisse est provoquée par les opportunités qu'offre une économie d'échelle liée à une forte production, une technologie innovante de plus en plus performante et une forte demande appuyée par une nouvelle conscience environnementale. La révolution de l'énergie verte assurera à terme une disponibilité énergétique à vil prix doublée d'un équilibre écologique à visage humain.

L'avenir de l'Energie et de la Terre appartient aux énergies renouvelables qui doivent se substituer définitivement aux énergies polluantes pour le salut de l'humanité.

c) **L'opérateur de prise en charge de l'éclairage par le solaire photovoltaïque (ESP)**

La société de distribution d'électricité au Sénégal, SENELEC, est confrontée à un déficit chronique dans la fourniture d'électricité et à une dégradation de la qualité de service. Elle est confrontée à plusieurs écueils parmi lesquels on peut citer :

- les ruptures de l'approvisionnement en combustible,
- les difficultés liées au transport et à la distribution de l'électricité en raison d'un réseau obsolète et vétuste,
- la mise hors service des équipements de certains de ses partenaires privés,
- l'étendue de la fraude et des fuites électriques.

Toutes ces moins-values font qu'elle accuse un déficit de production et de distribution qui se manifeste par des délestages intempestifs aux conséquences incalculables.

Pour faire face aux difficultés liées à l'approvisionnement en produits pétroliers, aux coûts supplémentaires liés au développement et à la réhabilitation du réseau et à la flambée des factures d'électricité des ménages, il urge pour notre pays de mettre sur pied des stratégies et des concepts visant à sécuriser la production et l'approvisionnement en électricité.

La solution photovoltaïque que nous proposons fait partie d'un concept national de production et de distribution de l'électricité en vue de réduire la dépendance de la production électrique aux produits fossiles, contribuer à la lutte contre la pauvreté en stimulant l'activité et en réduisant les factures d'électricité des ménages sénégalais voire africains situés en milieu urbain, périurbain et rural mais aussi et surtout apporter des solutions aux pertes économiques des petites entreprises liées aux fréquents délestages. **Il s'agit de prendre en charge tout l'éclairage (des ménages, des bureaux, des établissements,...) par des systèmes photovoltaïques domestiques isolés et de laisser les autres appareils à forte consommation électrique tels que réfrigérateurs, climatiseurs, etc.... fonctionner au moyen du réseau thermique traditionnel.** La puissance prise en charge par le photovoltaïque relativement à l'éclairage permet de stabiliser la disponibilité de l'énergie électrique pendant les heures de pointe de 19 à 23 heures, en faisant baisser la puissance de pointe.

La mise en œuvre de ce concept permet de réduire la dépendance au pétrole, au charbon et au gaz et le poids de leur facture qui grève le budget national à cause des hausses récurrentes et imprévues de leurs cours amorties par des subventions. Elle permet également d'améliorer les conditions de vie et de travail des ménages abonnés qui maîtrisent désormais leur consommation électrique par la stabilisation à long terme des prix de l'électricité. La facture pétrolière de SENELEC et la facture électrique des ménages baisseraient considérablement sans tenir compte du soulagement du réseau par rapport à la pression de la demande. Les technologies du solaire domestique sont efficaces et éprouvées. Le solaire photovoltaïque est propre, ne dégage pas de gaz à effet de serre et ne produit ni de déchets toxiques ni de pollution sonore comme les groupes électrogènes.

L'opérateur de prise en charge de l'éclairage par le solaire photovoltaïque (ESP) est l'outil qui traduit cette solution innovante en réalité. Il permet la démocratisation de l'accès à l'électricité mais aussi sa plus grande disponibilité. Sa mise en œuvre repose essentiellement sur des systèmes domestiques isolés. L'éclairage domestique sera pris en charge par des systèmes photovoltaïques décentralisés et l'éclairage public par des lampadaires solaires. Le réseau obsolète de SENELEC sera soulagé car il ne transportera et ne distribuera qu'une partie de la production électrique nationale. Cette solution optimale permet de diminuer la facture électrique des ménages et celle en combustible de l'État en plus de sa contribution à la réduction de l'émission des gaz à effet de serre. En revanche, elle augmente le pouvoir d'achat des ménages et procure des économies à l'État. Elle améliore, en outre, la qualité des services de l'électricité, leur accès et leur disponibilité. Dans ce modèle, le financement du programme sans subvention sera pris entièrement en charge par les clients de SENELEC et le parc photovoltaïque pourrait appartenir à SENELEC.

d) La stratégie solaire et l'économie rurale

Le solaire photovoltaïque, par la baisse régulière de ses prix, a un potentiel technologique et économique énorme. Ce n'est que par la volonté politique que l'on en fera un élément important du système énergétique de demain. Les projets ne manquent pas au Sénégal. Les diverses applications du solaire photovoltaïque en font une alternative énergétique de choix dans le monde rural à cause de la facile accessibilité des populations à ce type d'énergie. De l'Internet rural à l'Hydraulique rurale en passant par les pompes solaires pour l'irrigation, les chambres froides, les décortiqueuses alimentées par des générateurs photovoltaïques, etc. jusqu'à la téléphonie rurale, le solaire se présente comme une solution incontournable pour notre marche vers l'émergence. L'essor des technologies de la téléphonie sans fil accroît la demande en énergie solaire en raison de la nécessité d'installer un nombre croissant de tours de télécommunications à l'effet d'améliorer la disponibilité de la bande passante mais aussi de permettre la recharge des smartphones. Le niveau d'ensoleillement, à la fois très élevé et très stable, des pays africains peut être mis à contribution pour réduire leurs dépenses d'exploitation et favoriser leur développement durable. Le concept d'électrification rurale mis en œuvre par l'Agence Sénégalaise d'Electrification rurale (ASER) est une réponse adéquate pour relever le défi du sous-développement dans le monde rural. Il peut apporter une contribution majeure dans le décollage de l'économie rurale en s'appuyant sur une vision généreuse de développement.

e) **Le mix énergétique**

Les autorités sénégalaises, pour diversifier les sources de production d'énergie électrique, ont malheureusement opté pour la construction de centrales solaire et éolienne à grande puissance, de centrales à charbon et à gaz, sans tenir compte des enjeux géopolitiques et environnementaux susceptibles de perturber l'approvisionnement en combustible, de provoquer des catastrophes naturelles et de dégrader nos sols. Les urgences sont mauvaises conseillères ! Le mix énergétique doit reposer sur un concept de transition énergétique orienté vers les énergies renouvelables mais ne doit signifier en aucune façon un retour au modèle énergétique du XXe siècle. Le Sénégal ne gagne rien en voulant s'assujettir à une dépendance technologique et économique de 25 ans liée à la technologie des groupes électrogènes (charbon, gaz) et au prix fluctuant des combustibles que sont le charbon, le pétrole et le gaz.

Par ailleurs, le modèle du mix énergétique basé sur les centrales solaires à grandes puissances présente des inconvénients et des risques. Les centrales solaires ne fonctionnent pas la nuit contrairement aux systèmes domestiques isolés à faible puissance associés à des batteries. Elles paralysent tout le système de distribution d'électricité en cas de fortes pluies, d'intempéries ou de temps nuageux,... Leur dépendance à des conditions aléatoires minimise leurs avantages liés à l'économie des coûts de dispositifs de conservation d'énergie qui justifie leur choix. Pour remédier à ce défaut, il faut investir dans les batteries qui comme les panneaux solaires vont aussi occuper de grandes surfaces cultivables sans parler des carcasses encombrantes qu'il faut recycler à la fin de leur durée de vie. Le modèle du mix énergétique devrait donc privilégier la prise en charge de l'éclairage par les systèmes domestiques isolés tel que nous le proposons. Leur adaptabilité dans les bâtiments, leurs dimensions maitrisables, leur indépendance ou autonomie font d'eux des solutions plus compatibles à l'environnement et à l'économie des surfaces agricoles.

f) L'entrée dans une nouvelle ère énergétique

La transition énergétique axée sur le solaire représente un enjeu stratégique incontestable en termes de fournitures énergétiques diverses, de qualité environnementale, de développement industriel, d'emplois, de savoir et de savoir-faire. Le photovoltaïque est une composante incontournable des politiques de souveraineté énergétique. L'électricité photovoltaïque sera économiquement compétitive dans les toutes prochaines années, si elle ne l'est pas encore. Elle se présente comme un élément de réponse durable à la demande d'énergie électrique qui ne cesse de croitre. La filière photovoltaïque progresse rapidement et régulièrement en termes d'efficacité énergétique, de baisse des coûts et de compétitivité grâce aux résultats des recherches en laboratoire. **La stratégie solaire** vise à former des professionnels disposant d'une réelle expertise technique et d'une parfaite compréhension des enjeux technologiques, géopolitiques et environnementaux des énergies renouvelables pour l'avenir. Elle nous offre la possibilité de travailler à l'émergence de solutions technologiques et économiques durables qui nous permettent de minimiser les effets de la fluctuation photovoltaïque et éolienne sur le réseau, de maitriser l'intégration photovoltaïque au bâtiment par les tuiles solaires, de développer des serres agricoles solaires, de profiter des nombreuses applications innovantes de l'énergie solaire, etc.

L'entrée dans une nouvelle ère énergétique est un défi qui marquera le 21ème siècle. Si nous voulons vivre dans une prospérité durable qui va nourrir bientôt 8 milliards de bouches humaines et protéger efficacement le climat, la gestion parcimonieuse et économe de nos matières premières et de nos ressources énergétiques devra constituer un impératif absolu et incontournable. L'enjeu est donc de développer les énergies renouvelables et l'efficacité énergétique afin de garantir une sécurité et une disponibilité énergétique **partout, pour tous et à tout moment**.

Le Sénégal ne doit pas rater la nouvelle révolution industrielle basée sur les innovations technologiques de l'énergie solaire en particulier. Telle la révolution industrielle basée sur l'électronique (1960 - 1970) et le numérique (1990), la révolution industrielle basée sur les énergies renouvelables renferme de fortes promesses. La transition énergétique réduit la dépendance et renforce la souveraineté énergétique tout en créant de l'emploi et de la valeur ajoutée. L'Afrique en général et le Sénégal en particulier doivent contribuer à l'émergence du nouvel ordre écologique en s'interdisant dans la mesure du réalisme de favoriser l'inquiétante tendance vers un retour aux énergies fossiles (charbon, gaz) et vers le refuge à l'énergie nucléaire.

Chapitre 5 :

Le fonds d'investissement et de garantie associé à l'actionnariat populaire (FIGAP)

Le fonds d'investissement et de garantie associé à l'actionnariat populaire (FIGAP) est un concept de financement de l'économie informelle voire de l'économie formelle. Il permet l'accès démocratique au capital de tous les opérateurs économiques sans exclusion sur la base d'une garantie bâtie sur leurs dividendes ou le produit de leurs activités. Ces différents acteurs économiques seront des actionnaires dans de grands consortiums culturels, sportifs, commerciaux, industriels, agricoles,… Les principaux secteurs d'activités économiques où s'agitent les sénégalais seront pris en compte et financés par le FIGAP. La culture (musique, théâtre,…), le sport, le commerce, les services, l'artisanat (cordonnerie, couture, poterie, mécanique automobile,…), le bâtiment, … et notamment l'agriculture, la pêche, l'élevage occuperont une place prépondérante dans notre modèle de financement. La culture de l'actionnariat populaire sera médiatisée à travers une communication proactive et une éducation de masse. Soulignons en passant que le RBG ne peut pas servir de caution à l'endettement car il faudra éviter que certains de ses bénéficiaires ne se retrouvent dans une situation précaire. Le capital des entreprises sélectionnées dans le cadre d'un partenariat pourrait être détenu à hauteur de 70% à 100% par les travailleurs en activité dans les secteurs concernés. L'esprit de ce partenariat est fondé sur des principes de bonne gouvernance, de solidarité, d'efficacité économique et sociale et de gestion financière rigoureuse. La répartition des revenus du capital est la cause principale des dérives inégalitaires qui secouent le monde. Une minorité de milliardaires se partage l'essentiel de la richesse créée par le travail de l'humanité. **Le développement de l'actionnariat populaire permet par contre aux populations d'accéder à l'investissement et par ricochet de profiter de la répartition des revenus du capital.**

Exemple de l'agriculture

L'agriculture au sens large constitue, au Sénégal, la principale activité économique qui occupe plus de 60% de la population active. Malgré ses potentialités, elle tarde à décoller du fait de nombreux problèmes structurels et conjoncturels. Tous les gouvernements successifs du Sénégal ont reconnu unanimement que l'agriculture est le moteur de notre décollage et de notre émergence économique. Des politiques agricoles marquées par une évolution du cadre institutionnel et par des réformes structurelles ont été élaborées et mises en œuvre de 1960, date de l'indépendance du Sénégal, à nos jours avec des visions et des fortunes différentes. Il s'agit du modèle d'économie rurale basée sur les coopératives et l'intervention massive de l'État de 1960-1979, des programmes d'ajustement et de réajustement structurels (1980-1990), de la Nouvelle politique agricole (NPA) de 1984-85, du cadre mis en place à partir des années 2000 avec la loi agro-sylvo-pastorale (2005), le plan REVA (2006), la GOANA (2008) voire des programmes mis en place à partir de la deuxième décennie du deuxième millénaire avec le PRODAC et le PRACASS de l'actuel régime[11]. Les politiques agricoles de l'État peuvent être regroupées en deux séquences temporelles qui les caractérisent. On peut noter la séquence 1960-1979 ou la période marquée par une vision d'inspiration socialiste et celle d'après 1980 ou la période marquée par une vision

---

[11] La commercialisation de l'arachide au Sénégal: enjeux, contraintes et perspectives: une étude dans le bassin arachidier https://eprints.soas.ac.uk/16799/1/04Oya-Ba130131%20proof.pdf.

d'inspiration libérale. L'esprit et la philosophie qui animaient et orientaient le premier plan de développement économique et social (1961-1965) d'inspiration socialiste devraient moderniser l'agriculture et la société rurale en éduquant et en enrichissant le paysan. Ce plan se déclinait en programme d'équipement agricole associé à un programme socio-éducatif d'animation rurale et visait à faire accéder le paysan aux facteurs de production modernes mais aussi à adapter les anciennes structures socioéconomiques et socioculturelles de la paysannerie aux exigences du développement et de la démocratie. **Les coopératives agricoles villageoises jouaient le rôle de groupements économiques dans le cadre d'une autogestion[12] en vue d'affranchir à terme le processus de production agricole de la tutelle de l'État. Elles étaient les principaux acteurs économiques et agricoles qui devraient, entre autres, produire, fournir des intrants, diffuser des techniques culturales adaptées, commercialiser la production agricole. Une politique de subvention, de crédit et de remboursement en nature (sur les récoltes) assurait l'acquisition de l'équipement en matériel agricole et l'approvisionnement en intrants du monde rural.**

Cependant, les politiques agricoles inspirées des programmes d'ajustement et de réajustement structurels des années 80 qui ont suivi visaient par contre à favoriser entre autres les exportations et les substitutions aux importations pour relever le taux de croissance, le désengagement de l'État par la suppression des subventions, la libéralisation des prix pour encourager la compétitivité, la création et la promotion d'un système de crédit constitué de la Caisse nationale de crédit agricole du Sénégal (CNCAS) et du crédit de masse ou microcrédit accompagné de l'émergence des groupements d'intérêt économique (GIE) pour financer

---

[12] circulaire de Mamadou Dia de 1962

l'agriculture et pour pallier les manquements causés par l'arrêt des interventions de la puissance publique. Toutes ces politiques cherchaient à concilier les défis du foncier, de l'autosuffisance alimentaire, du développement local et de la mondialisation de l'économie libérale. Malheureusement, elles se sont soldées par des faillites dont les effets néfastes sur l'économie rurale et la société paysanne se sont traduits par un endettement massif des cultivateurs. Les paysans écrasés par le poids de leurs dettes de campagne se sont appauvris. Les subventions et pertes de recettes liées aux défauts de paiements des paysans et les privilèges accordés à divers groupes (religieux, affiliés au parti au pouvoir…) ont constitué un gouffre financier pour le budget de l'État, ce qui suffit à démontrer l'absence de viabilité de cette vision.

Une politique agricole doit être bâtie sur une vision de développement du monde rural qui passe par l'enrichissement des couches paysannes à travers l'augmentation de leurs revenus afin de jeter les bases d'une économie rurale viable qui entretient la stabilité de la société paysanne et le dynamisme de ses valeurs sociales et morales. **Les gros investisseurs peuvent certes accroitre la production agricole mais malheureusement ils accumulent et concentrent dans leurs mains les gains qui devraient revenir aux paysans sans tenir compte de leur prolétarisation éventuelle qui finirait par les jeter sur les chemins de l'exode rural.** Une économie n'est dynamique et performante que lorsque la richesse de la nation bénéficie au plus grand nombre. En enrichissant les couches moyennes et faibles, on booste la consommation qui tire la production et favorise la croissance. Le concept du FIGAP, qui sera développé plus loin, est une réincarnation de l'esprit du premier programme agricole (PA) qui consacrait une rupture par rapport à la politique agricole coloniale basée sur l'arachide. Il s'agissait, dans un premier temps, de libérer les paysans des redevances des propriétaires terriens mais aussi des pesanteurs du droit coutumier par la loi sur le domaine national de 1964 qui démocratise l'accès à la terre. Dans un second temps, il fallait les transformer en acteurs et producteurs agricoles modernes par le biais des coopératives et de l'animation rurale. **Sous ce rapport, l'État a joué un rôle prépondérant et central dans l'accomplissement des objectifs de cette politique.**

La société d'aménagement et d'exploitation des terres du delta de la vallée **(SAED)** a vu le jour en 1965 pour porter les ambitions de cette volonté politique gouvernementale dans ses missions d'aménagement hydro agricoles et d'encadrement des paysans en vue de la culture irriguée pour la production du riz à travers les villages agricoles. L'office national de coopération et d'assistance au développement **(ONCAD)** créé en 1966 devrait jouer un rôle similaire dans le bassin arachidier en finançant et en commercialisant la production de l'arachide. **La promotion de la culture vivrière dans la vallée du fleuve pour une autosuffisance en riz à travers les colonats était une option nouvelle face à l'arachide destinée à l'exportation.** Le trait remarquable de cette politique reposait sur la séparation de la production, de la transformation et de la commercialisation du produit agricole. La production agricole était assurée par les paysans à travers leurs exploitations agricoles familiales tandis que la transformation et la commercialisation des produits revenait à la SAED pour le cas du riz, à la Société de Conserves Alimentaires du Sénégal **(SOCAS)** créée en 1969 pour la tomate et à la Société nationale de commercialisation des oléagineux du Sénégal **(SONACOS)** créée en 1975 (devenue **Suneor** depuis 2007) pour l'arachide dans le cadre d'un partenariat agroindustriel. L'acquisition des intrants et du matériel agricole passait par l'intermédiation des coopératives ou des groupements de producteurs.

Les politiques d'ajustement et de réajustement structurels **des années 80,** marquées par un désengagement de l'État et la libéralisation des prix qui étaient stabilisés par la caisse de péréquation, remettront en cause la place et le rang des exploitations agricoles familiales mais aussi le rôle qu'elles jouaient dans le processus de production. **Les périodes de crise alimentaire et de sécheresse ont conduit les gouvernants à s'orienter vers des politiques de sécurité alimentaire qui menaçaient les exploitations familiales en faveur de la promotion de l'agrobusiness qui dispose de gros moyens.** La loi agro-sylvo-pastorale décriée par les organisations paysannes vient parachever cette entreprise de liquidation de l'exploitation agricole familiale avec des dispositions qui n'ont pas permis jusque-là aux paysans d'améliorer ni leurs conditions de vie ni de travail.

Des exploitations agricoles familiales compétitives, productives et rentables grâce à des prix rémunérateurs, peuvent et doivent constituer le socle de l'économie rurale fondement de la société rurale qui représente la majorité de la population du pays. Face au capital détenu par les gros investisseurs existent des autochtones qui ne savent et ne vivent que du travail de la terre, de la pêche et de l'élevage disposant d'un patrimoine foncier et hydraulique hérité de leurs ancêtres depuis des temps immémoriaux. **Faut-il aliéner la terre et l'eau par déclassement et affectation (des terres) aux gros investisseurs ou faut-il créditer les paysans d'un capital suffisant qui leur permet de produire sans perdre la propriété foncière de leur patrimoine ?** Le développement agricole dans nos pays sous-développés et pauvres se pose en ces termes !

Nos soucis et nos inquiétudes, qui semblent être partagés par les paysans, sont de surcroit guidés par les interrogations que soulève la problématique du développement durable. Les impacts et les conséquences négatifs du développement socio-économique des générations d'aujourd'hui ne nuisent-ils pas aux capacités à se développer des générations futures ? Il faut donc sauvegarder l'environnement de l'agriculture pour ne pas modifier les propriétés des sols et de l'eau qui garantissent la fertilité des cultures et conservent les potentialités agricoles des terroirs. L'espace rural et périurbain nous offre en outre un surcroît de confort à travers un cadre de vie de qualité face à l'espace urbain qui nous étouffe par sa pollution chimique et sonore, par sa pression démographique et le coût de la vie. Il faut le préserver par le développement d'une économie rurale viable et durable fondée sur la pérennisation de la société paysanne et sur des mesures de protection par une périurbanisation modérée et contrôlée de nature à lui permettre de faire face à la transgression de ses valeurs.

En définitive, en vue de mettre en place une économie rurale viable et durable :

1) Il faut doter la paysannerie de capital destiné à lui permettre d'investir dans la production agricole, la transformation industrielle et la commercialisation à travers un fonds d'investissement et de garantie associé à un actionnariat populaire (FIGAP). Il faut organiser les exploitations familiales agricoles en véritables actionnaires d'entreprises dans de gros consortiums industriels et commerciaux en vue d'une coopération pour l'exécution des opérations économiques, financières et techniques relatives à leurs activités.

2) Il faut séparer la production agricole qui sera assurée exclusivement (sauf éventuellement dans certains cas) par les exploitations familiales agricoles de la transformation industrielle et de la commercialisation qui peuvent être partiellement libéralisées afin de sécuriser la propriété foncière des ruraux sur leurs terres.

3) Il faut promouvoir la culture de l'entreprenariat en milieu rural pour transformer les exploitations agricoles familiales en véritables entreprises de production et de services agricoles modernes.

La production de la tomate industrielle, du riz, de l'oignon, du melon, des pastèques, etc. dans la vallée et de l'arachide dans le bassin arachidier est assurée par les exploitations familiales agricoles mais leur transformation et commercialisation sont prises en charge par d'autres acteurs et opérateurs économiques. Il est donc possible de créer **un partenariat win-win** entre les exploitations agricoles familiales, les agroindustriels et les sociétés d'aménagement et d'encadrement basé sur la sécurisation juridique, économique et sociale de l'investisseur et du paysan pour atteindre les objectifs de l'agro-business, de la gestion durable des ressources naturelles, de la lutte contre la pauvreté, de la « déconcentration économique », de la décentralisation administrative, de la sécurité, de l'autosuffisance et de la souveraineté alimentaire et enfin de l'intégration agro-sylvo-pastorale. Aux exploitations agricoles familiales la production, aux sociétés d'aménagement et d'encadrement et aux agro-industriels les aménagements hydro agricoles, les intrants, la formation technique, la transformation et la commercialisation. Ce partenariat doit prendre en compte la faisabilité technique, la rentabilité économique, l'accessibilité financière et l'acceptabilité sociale du projet agroindustriel. **Toutefois, les paysans seront et demeureront des actionnaires sur toute la chaine de l'agro-business industriel et commercial.**

Dans un tel contexte, les autochtones seront plus rassurés, plus confiants, plus accueillants et plus coopérants. Un développement agricole durable ne peut pas se passer d'un développement rural qui ne peut pas se passer à son tour d'une société rurale viable qui s'appuie sur des infrastructures sociales, culturelles, économiques et communicationnelles. Les établissements de formation et d'éducation, les marchés, les formations sanitaires, les routes, les pistes, la téléphonie rurale, l'Internet rural, l'électrification rurale, l'hydraulique rurale, etc. constituent les bases d'un environnement infrastructurel qui garantit l'émergence d'une société rurale et périurbaine développée et stable reproduisant une main-d'œuvre disponible pour sécuriser la continuité de l'activité agricole.

L'État doit seulement, avec l'appui d'un système financier innovant et performant, accompagner les exploitations familiales qui, à travers leurs propres organisations, peuvent assurer leur approvisionnement en intrants et en matériel agricole. Le rôle de l'État n'est pas d'acheter des tracteurs mais plutôt de créer les conditions pouvant permettre à chaque acteur d'accéder aux équipements qui lui conviennent, suivant un mécanisme de financement adéquat. Le financement actuel de la production agricole est essentiellement assuré par la Caisse nationale de crédit agricole du Sénégal (CNCAS) et certains Systèmes Financiers Décentralisés (SFD) pour une moindre partie. Il faut des politiques cohérentes et pertinentes de financement agricole qui s'appuient sur une diminution des taux d'intérêt mais aussi et surtout sur une organisation des paysans producteurs. Nous devons nous orienter vers une nouvelle approche financière de l'agriculture telle que le Fonds d'Investissement et de Garantie associé à un Actionnariat Populaire (FIGAP).

Le Fonds d'Investissement et de Garantie associé à un Actionnariat Populaire (FIGAP)

Le FIGAP se veut une innovation financière qui permettra à tous les paysans d'accéder aux crédits et de se doter dans un élan solidaire l'équipement nécessaire à leur production. Les nombreux fonds créés par l'État et la finance islamique peuvent être d'un grand apport pour le succès de ce financement innovant fondé sur la mutualisation financière. Pour lutter contre la pauvreté et assurer la sécurité alimentaire, il faut investir dans les exploitations familiales.

La disponibilité des terres et de l'eau constitue un enjeu économique, social, politique et stratégique à multiples défis. Elle attise les appétits des agroindustriels en expliquant leur ruée vers la vallée du fleuve Sénégal. La volonté du gouvernement de faire de l'agrobusiness sa priorité pour booster la croissance accélérée n'enchante pas les paysans. Ces derniers dont les terres sont menacées par l'accaparement des étrangers estiment que cette nouvelle trouvaille des autorités risque de tuer les exploitations familiales agricoles. **Promouvoir l'agrobusiness au Sénégal, c'est appauvrir davantage les petits agriculteurs et nuire à l'indépendance économique du paysan sénégalais. «L'agrobusiness par rapport à l'agriculture familiale, c'est comme le rat et l'arachide».**

Les autorités étatiques ont le devoir de concilier le défi foncier, le défi de l'autosuffisance alimentaire et le défi du développement local dans le contexte de globalisation de l'économie libérale. En d'autres termes, les politiques agricoles doivent répondre aux exigences de l'autosuffisance alimentaire dans le respect du développement local et de l'accès des populations paysannes à la propriété foncière.

Toute vision gouvernementale portant une politique agricole pertinente qui vise à favoriser la déconcentration économique et la décentralisation administrative doit s'inscrire dans la perspective d'un développement agricole fondé sur un développement rural enraciné dans une société paysanne attractive, développée et stable qui en constitue la sève nourricière.

Le FIGAP et l'économie sociale et solidaire

Le FIGAP est un outil adéquat de mise en œuvre d'une économie sociale et solidaire qui met l'homme avant le profit, la coopération avant la concurrence [4, 14, 15]. Il vise à répartir les revenus du capital sur toute la population active (qui deviennent de petits actionnaires), ce qui manifeste et marque son caractère social. Il mutualise en outre les opportunités, les infrastructures et les équipements qu'offrent les grandes entreprises auxquelles les travailleurs-actionnaires sont affiliés. Cette mutualisation est la manifestation qui marque la solidarité entre les coactionnaires des entreprises. Le plus petit actionnaire peut disposer et bénéficier de conditions d'exploitation auxquelles il ne pouvait espérer profiter en tant qu'entrepreneur (agriculteur) agissant individuellement.

Notons enfin que l'avènement de l'Internet a contribué à redéfinir le travail. Il a permis de développer la notion de travail à la demande pour satisfaire les besoins humains toujours en évolution. On utilise de puissants logiciels d'applications à travers des plateformes numériques pour mettre en relation les clients-consommateurs et les travailleurs-entrepreneurs qui offrent leurs services. Le travail est reconsidéré dans cette perspective comme un entreprenariat. Le paysan en particulier, le travailleur en général, devient un entrepreneur qui n'aliène pas son travail mais qui au contraire le rentabilise.

La technologie numérique alliée à l'Internet est au cœur de cette industrie croissante en devenir. « L'actuelle capacité des algorithmes leur permet de traiter à la seconde des transactions avec plusieurs variables. Les puissants processeurs des Smartphones et des tablettes qui se trouvent dans nos poches et dans nos mains nous informent sur nos positions respectives calculées avec précision par les satellites GPS et la monnaie se dissolve en moyens de paiement mobiles » [16]. Le potentiel de cette économie en termes d'emplois, d'offres de produits et de services, … reste insondable.

Les Taxi-Hallo-Dakar, pourraient profiter des opportunités de ces technologies numériques pour mieux organiser leurs activités en rendant leurs offres de services plus alléchantes et plus efficaces. L'Internet facilite à la vitesse de la lumière le contact des passagers et des conducteurs, qu'ils soient proches ou éloignés ». Des boutiques de quartiers pour l'État civil pourraient voir le jour. On pourrait demander son extrait de naissance, son certificat de mariage, … sans bouger de son quartier, sans aller faire des files d'attente encombrantes devant les établissements d'État civil.

Le FIGAP peut répondre aux besoins de financement de cette nouvelle économie naissante (en ville) bâtie sur des algorithmes.

CINQUIEME PARTIE

IMPACTS ET MISE EN ŒUVRE DU PROJET *« UN CITOYEN, UN REVENU »*

La demande qui est une contrainte récurrente de l'activité commerciale selon les rapports de conjoncture économique sera relancée par le RBG. La consommation sera boostée en entraînant la production et, partant, la création d'emplois. Le RBG soulage le consommateur en renforçant son pouvoir d'achat, enrichit le commerçant en activant ses ventes et revigore le producteur en boostant sa production. La stimulation de la consommation permettrait d'activer la production des biens et des services en veilleuse qui ne trouvait pas d'acheteurs. Le RBG met en marche les roues de l'économie en augmentant le pouvoir d'achat des citoyens qui réclament encore et encore des produits et des services. La nation consommatrice tendrait à acheter tous les produits grâce à son pouvoir d'achat qui ne cesse d'augmenter progressivement. L'industrie, les entreprises de services et le crédit bancaire marcheront désormais sur des roulettes. Le revenu de base généralisé élargit la carte bancaire en accentuant la bancarisation de la société par l'ouverture de comptes pour tous les ménages, ce qui pourrait diminuer les intérêts prélevés sur les prêts. Toute l'économie va bouger ! Le RBG pourvoie du pouvoir d'achat à la multitude de sans-emplois impatients de trouver un boulot.

Le RBG n'est pas payé par les producteurs comme les salaires, il n'entrera donc pas dans le prix de revient des marchandises. Il vient directement du budget donc les prix de revient ne seront pas affectés. Il peut certes créer une inflation à l'occasion d'une forte demande de biens et services. Une hausse indue des prix de vente pourrait être provoquée suite à l'augmentation de monnaie suivie de celle de la consommation. Mais cette inflation pourrait être enrayée par l'augmentation de la production, puisque le RBG qui tire la production par la demande rétablirait rapidement l'équilibre.

Notons en passant que l'insuffisance du pouvoir d'achat entraine la paralysie du commerce et de l'industrie qui engendre le chômage, la pauvreté, le marasme économique et social. Elle favorise en outre le nationalisme économique d'exportation qui menace la paix à travers les guerres commerciales.

Par ailleurs, le RBG entraine une réduction drastique des coûts administratifs en tant que concept et outil de transfert financier. Il permet de passer d'un système complexe à un système simplifié de prestations sociales, respectueux de la liberté individuelle. En effet, ce mécanisme de financement et de régulation économique contribue à l'efficacité et à l'unité de l'administration mais également à sa rationalisation et à son optimisation. Il permet aussi d'extraire le fonctionnement de l'aide sociale du champ politique en lui conférant une vraie stabilité. Il inaugure un système social duquel les politiques ne tirent ni prestige ni reconnaissance ni profit. Le RBG donne aux Sénégalais le goût d'entreprendre, de prendre des risques, en un mot, les réconcilie avec l'économie de marché, créatrice des richesses.

L'économie sera modernisée en restructurant l'informel, la société aussi par la prise en charge de l'ancien concept de solidarité familiale par la nouvelle solidarité étatique qui interdit la mendicité. Le RBG favorise la mobilité urbaine et l'émergence d'un citoyen financièrement indépendant, à l'abri de la corruption politique (par l'argent). Les recettes budgétaires vont croître sensiblement à travers l'augmentation des chiffres d'affaires des entreprises mais aussi et surtout par une exploitation jamais égalée du gisement fiscal par le biais d'un élargissement de l'assiette fiscale surtout à l'informel et d'un taux de recouvrement jamais atteint dans l'histoire du budget national.

L'introduction du revenu de base permet en outre à tous les citoyens de bénéficier d'une assurance maladie pour accéder aux soins de santé et aux médicaments d'une manière beaucoup plus efficace que ne le permettent, en l'état actuel des choses, les mutuelles de santé. Le nombre d'adhérents sera de loin supérieur et les revenus permanents. Associée à la couverture sanitaire universelle (CSU), la mise en œuvre du revenu de base généralisé permet d'atteindre automatiquement les ODD.

Le RBG est une prime aux emplois mal payés et au travail domestique. Il rémunère indirectement le travail que nous faisons tous en préparant nos aliments, en éduquant nos enfants, en tenant notre maison, en participant à la vie sociale. Il favorise la mobilité et donne du pouvoir aux salariés face aux employeurs.

Enfin, le RBG faciliterait l'intégration plus efficace de populations immigrées qui ne pourraient en jouir qu'en devenant citoyens. Il nourrit et renouvelle le patriotisme autour d'un projet national et international de solidarité.

Le projet « **un citoyen, un revenu** » est un modèle à fort coefficient économique, social, politique et culturel. Les impacts positifs qu'il aura sur la croissance économique, la démocratie, le développement social et culturel du pays minimiseront largement ses effets négatifs. Le RBG est une augmentation d'argent dans le porte-monnaie des consommateurs. Y'aurait-il des personnes qui se plaignent de la hausse de leur revenu ?

Les questions liées à la faisabilité du projet relèvent moins de son financement que du comportement abusif des Sénégalais. Les impacts positifs sur la croissance économique alliés au bénéfice social incontestable du projet permettent de garantir le succès du programme en améliorant son acceptabilité. Le projet ***« un citoyen, un revenu »*** est un instrument efficace pour lutter contre la pauvreté. Il peut servir de stratégie pour la croissance économique et la réduction de la pauvreté. Les entreprises reçoivent de l'État un crédit à la consommation sous forme de RBG qui tire la production des biens et services. Il est clair que le revenu est le principal déterminant de la consommation qui est, elle-même, une composante déterminante de la demande. Le RBG permet aussi de réaliser les objectifs pour le développement durable (ODD). Au demeurant, l'esprit de ce projet est fondé sur des principes de bonne gouvernance, d'efficacité économique et sociale et de gestion financière rigoureuse pour développer l'activité économique et améliorer l'efficacité du financement des services sociaux de l'État.

La mise en œuvre du projet requière la mobilisation de ressources humaines, techniques, financières et digitales. Des stratégies organisationnelles seront élaborées par différents experts provenant d'horizons divers.

Chapitre 1 :

Les impacts du projet *« un citoyen, un revenu »*

L'instauration du projet ***« un citoyen, un revenu »*** comporte, comme cela apparait tout au long de ces pages, plusieurs avantages mais certes des limites. Toutefois, ses effets positifs qui s'expriment sur le long terme au plan économique, social, politique et culturel minimisent ses effets négatifs.

1.1. Les impacts positifs

SUR LE PLAN ECONOMIQUE

On peut citer parmi les effets économiques positifs attendus du projet ***« un citoyen, un revenu »***:

- la croissance économique : booster l'activité économique
- l'accroissement des recettes budgétaires
- la réalisation des objectifs pour le développement durable (ODD),
- l'agrandissement de la carte bancaire du pays,
- l'amélioration du taux de recouvrement des taxes et impôts
- l'amélioration de l'efficacité de l'aide au développement,
- l'amélioration de la mobilité en milieu rural,
- l'augmentation de la productivité du travail agricole,
- le recensement toujours actualisé de la population,

- l'augmentation de la consommation, de la production et la création d'emplois,
- l'élargissement de l'assiette fiscale et l'efficacité dans le recouvrement des impôts et taxes
- la rationalisation et la réduction de la fuite des subventions aux frontières,
- l'augmentation des revenus familiaux et du pouvoir d'achat national
- la diminution des prix à l'intérieur et à l'extérieur du pays par la baisse du coût du travail (à travers la suppression de certaines cotisations et prestations sociales en faveur des entreprises),
- la subvention indirecte des services et des produits agricoles et industriels
- la réduction de la dette publique,
- la lutte contre l'exode rural
- la distribution du pouvoir d'achat et de marchés sur tout le territoire national
- la simplification des procédures par une unité et une efficacité administrative
- l'accès des couches populaires au capital,
- l'accès à l'énergie et baisse des factures
- la disparition des taxis clandestins, des courtiers, etc.
- favorise l'économie sociale et solidaire (prêts solidaires, dépôts rotatifs sans intérêts comme les tontines, petites initiatives en microfinances…)
- etc...

SUR LE PLAN SOCIAL

On peut citer parmi les effets sociaux positifs attendus :

- l'assurance maladie obligatoire
- la disparition du phénomène de la mendicité et le recasement des mendiants, des talibés,
- l'application d'un code de la ville pour lutter contre les encombrements,
- la réduction de l'exode rural et le retour vers la terre,
- l'émergence d'une société rurale
- le recouvrement de la dignité humaine,
- le retour de l'éthique et de la morale,
- l'accès de tous les enfants à l'école et leur maintien,
- l'accès de tous les bacheliers à l'enseignement supérieur
- le relèvement de la qualité intellectuelle, technique et scientifique de la société
- des pistes et des routes partout dans les villages,
- la protection sociale à travers la prévention des risques sociaux (pauvreté, accidents de travail, invalidité, vieillesse, maladie, famille, retraite....)
- la production sociale et la rentabilité sociale : investissement social, activités sociales, etc.
- la modernisation sociale de la société par la prise en charge par l'état de l'ancienne solidarité parentale
- la création d'un ordre de la solidarité et de la citoyenneté
- etc....

SUR LE PLAN POLITIQUE

On peut noter parmi les effets politiques positifs attendus:

- la cohésion sociale et la stabilité démocratique par la réduction de la pauvreté
- la démocratisation de l'accès au pouvoir d'achat
- la démocratisation de l'accès aux soins de santé et aux médicaments
- la démocratisation de l'accès à l'enseignement supérieur
- la démocratisation de l'accès à l'énergie électrique
- la démocratisation de l'accès au capital
- l'amélioration du taux de participation aux élections
- la réduction de la corruption politique, fondée sur l'indépendance et la liberté du citoyen protégé contre la faim,
- le recensement démographique
- les différentes statistiques pour prendre des décisions
- la prévention des délits
- la bonne gouvernance,
- le développement décentralisé et participatif,
- la formation d'une opinion citoyenne pour un contrôle social, politique, environnemental
- le maintien de la paix civile et sociale,
- le renforcement de la démocratie et de la conscience citoyenne à travers l'émergence d'un citoyen qui croit que l'État est un bien commun à préserver, etc.....

SUR LE PLAN CULTUREL

On peut citer parmi les impacts culturels positifs attendus :

- la réhabilitation de la famille et des liens de parenté : en effet, le modèle permettra de rapprocher les familles et les parents que l'exigence de la prise en charge d'une solidarité étouffante impossible à satisfaire avait tendance à éloigner. Les familles se nucléarisent, s'isolent. L'égoïsme gagne les esprits et les cœurs en déplaçant les liens de parenté en tant que rapports de solidarité, d'entraide et d'amour. La substitution de l'ancienne solidarité parentale par la nouvelle solidarité prise en charge par l'État aura comme vertu d'entretenir la proximité et l'entente cordiale tant souhaitée dans les ménages et les familles.
- le développement de l'activité culturelle
- l'aménagement du temps au service de l'épanouissement du citoyen qui jouit de plus de temps libre
- prise en charge des talibés par leurs parents
- favorise l'esprit d'entreprise

1.2 : Les impacts négatifs

Des effets négatifs éventuels, qui ne diminuent en rien l'intérêt du projet, pourraient être attendus:

- fuite des deniers publics aux frontières,
- l'inflation,
- l'augmentation des importations, mais accroissement des recettes budgétaires

- les problèmes liés au financement et à la mise en œuvre pratique du projet RBG,
- les problèmes de contrôle des abus,
- la violation des critères de convergence de l'UEMOA, etc...
- une contrainte environnementale due à une consommation éventuellement excessive

Cependant l'inflation, l'augmentation des importations, l'éventuelle violation des critères de convergences de l'UEMOA, le coût de la mise en œuvre du revenu de base généralisé constituent des inconvénients qui n'enlèvent ni ne diminuent en rien son intérêt et ses avantages.

Chapitre 2 :

Mise en œuvre du projet RBG-AMO

La mise en œuvre opérationnelle, technique et financière du projet « **un citoyen, un revenu** » qui, délibérément, n'est pas abordée (mais seulement ébauchée) dans ce travail, sera conçue, élaborée et finalisée par un comité interministériel qui aura la charge de l'introduire.

2.1. Système d'information et de collecte de données

L'information et les données constituent des ressources précieuses en matière de bonne gouvernance, de gestion macroéconomique, de planification, de prospective, de prévision et de prévention. C'est la raison pour laquelle on parle de plus en plus de « datacratie » et des informations comme les nouvelles mines d'or. La mise en œuvre du projet « **un citoyen, un revenu** » nous fournit des données de toutes sortes et nous aide à élaborer des systèmes d'informations fiables, pertinents, efficaces et instantanés. La population du Sénégal et sa structure en âge et en genre, le nombre de décès et de naissances, le nombre de chômeurs, le nombre de médecins, la répartition des maladies dans le pays, le nombre d'abonnés de SENELEC, de SEN'EAU et d'Orange, etc. sont connus en un clic. Les impacts du projet « **un citoyen, un revenu** » sur nos systèmes d'information renforcent les capacités de la gestion administrative en la rendant efficace et optimale.

2.2. Mise en œuvre technique

a) Le Comité interministériel

Un comité interministériel doit être mis en place pour étudier et organiser les conditions de mise en œuvre du projet. Le comité interministériel aura pour missions de chiffrer la faisabilité du projet depuis son financement jusqu'au projet de loi l'instituant, en passant par le recensement et l'identification des bénéficiaires et les modalités techniques et opérationnelles de mise en œuvre.

b) **Partenariat Privé – État - Populations (PEP)**

La mise en œuvre du RBG s'appuie sur une approche qui utilise des concepts économiques, financiers et commerciaux opérationnels pour ouvrir aux jeunes, aux femmes en particulier et aux populations de manière générale des perspectives. La mise en œuvre du projet s'opère dans un cadre de partenariat entre l'État, le secteur privé et les populations qui participeront désormais à hauteur de 10, 20, 50, 70 ou 100% aux programmes publics dans un environnement favorisé par une bonne politique de communication dont l'objectif est l'émergence d'une opinion citoyenne. Le RBG peut être compris sous cet aspect, comme un revenu de transfert financier pour permettre aux populations de payer les services de santé, de formation et d'éducation, entre autres, offerts par les entreprises privées retenues dans le cadre du partenariat. Les banques financent, les entreprises privées investissent dans la réalisation des programmes publics, les populations paient les services et l'État contrôle, coordonne, accompagne, encadre, définit, décide et oriente.

c) Le vote du parlement

Le Parlement doit voter la loi qui autorise l'institution et l'application du modèle « **un citoyen, un revenu** ».

d) **Communication**

Une bonne politique de communication dont l'objectif est l'émergence d'une opinion citoyenne caractérisée par la responsabilité et la liberté va créer un environnement favorable à la viabilité dans le temps et dans l'espace du projet.

e) Logiciels de statistique et de gestion

Pour son implémentation et sa pérennisation, le modèle « **un citoyen, un revenu** » sera accompagné de logiciels de statistique et de gestion qui serviront d'esquisse à une digitalisation (ou numérisation) progressive de la société. Ces logiciels permettront d'exécuter le projet, de contrôler les abus, de livrer des informations sur l'état de pauvreté, d'enrichissement et de santé des populations, le recensement des catégories socio-économiques, la connaissance des métiers et des emplois, etc. en d'autres termes une photographie instantanée de la nation et du pays. Des ordinateurs de grandes puissances et de grandes capacités sont nécessaires pour le traitement des nombreuses données.

2.3. Mise en œuvre financière

L'intérêt du revenu de base consiste à favoriser l'efficacité des effets redistributifs de la fiscalité en général et surtout d'une fiscalité écologique et de consommation. Il sert en outre à amortir les effets d'une politique d'austérité qui réduit l'ensemble des revenus disponibles pour la consommation (blocage des salaires, recours à l'impôt, restrictions de crédits, …) mais aussi et surtout à permettre une relance économique keynésienne. Le financement du revenu de base exige des réformes fiscales : la suppression des dépenses fiscales, le prélèvement obligatoire pour des services sociaux efficaces, l'intégration de la bourse de sécurité sociale, des fonds de la CMU, des dépenses publiques de santé, …. Il suffit de réunir toutes les prestations sociales, toutes les subventions, toutes les aides sociales en faveur du citoyen et les transférer dans sa main afin qu'il les utilise à sa guise selon ses besoins. Rien ne se perd, rien ne se crée, tout se redistribue.

La mise en œuvre du financement du programme sera bâtie sur un partenariat de l'État avec les institutions financières et sur de la monnaie électronique. Les montants seront versés dans des téléphones ou des appareils dédiés via les réseaux téléphoniques.

Le financement du RBG sera ajusté aux rentrées fiscales. Il augmenterait progressivement avec l'activité dans l'agriculture et l'industrie. On peut envisager que le RBG représente un pourcentage du PIB. Si le PIB baisse, le RBG baisse, s'il croit, le RBG croit. Mais si le RBG favorise l'inflation et la fainéantise, comme le craignent ses détracteurs, alors il diminue. Si au contraire elle remet au travail des millions d'individus et redonne du souffle à la société, alors le PIB augmente et le RBG de même. Le RBG ne doit pas pouvoir servir de caution à l'endettement pour éviter que certains de ses bénéficiaires ne se retrouvent dans une condition précaire.

Le RBG sera, à côté des salaires et des investissements publics, entièrement financé par le budget national sur la base d'un partenariat avec les banques et sur fonds de refontes institutionnelles et administratives. Le budget sera ainsi distribué aux citoyens sénégalais sous forme de salaires, de dépenses publiques et de revenus de base.

Durant la mise en œuvre du projet ***« un citoyen, un revenu »***, les Sénégalais seront étonnés de voir qu'ils vivent sous le régime de l'État démocratique et social le plus riche qu'ils n'ont jamais connu dans le passé. Contrairement à ce que beaucoup pourraient penser, le financement du projet ne pose aucun problème. Plusieurs stratégies seront proposées pour être mises à contribution dans le financement du projet ***« un citoyen, un revenu »***. Les transferts sociaux traditionnels de l'État, une partie du budget de la santé, l'introduction d'un impôt de résidence, la TVA rapportée au RBG (18%RBG), les dépenses fiscales et les subventions représentent déjà des composantes financières du projet ***« un citoyen, un revenu »***.

Les actions suivantes peuvent toutefois être mises à contribution pour financer le projet :

- Toutes les rubriques des dépenses sociales inscrites dans les budgets nationaux, municipaux et les institutions

- le transfert direct au RBG des subventions aux populations, des programmes sociaux internationaux, nationaux et municipaux, des dons, des aides alimentaires, des billets de la Mecque, des moutons de tabaski, de la remise ou allégement de la dette.

- le transfert au RBG de certaines ressources de la caisse de sécurité sociale, IPM, IPRES, …

- l'augmentation des recettes budgétaires

- les différents fonds de financement des femmes et des jeunes

- l'élargissement de l'assiette fiscale

- utilisation et ajustement des recettes de la TVA

- ajustement du régime fiscal

- amélioration du taux de recouvrement des taxes et impôts

- réduction du train de vie de l'État

- taxe écologique, taxe sur la consommation, TVA sociale,

- utilisation de la rente pétrolière et gazière

- création d'un ordre de la solidarité et de la citoyenneté

- etc.

CONCLUSION

Pour un modèle de développement fonde sur un revenu de base généralisé

On peut se désoler que la démocratie en tant que révolution juridique, sociale, politique et économique se mue de nos jours en populisme réceptacle et expression des frustrations, des indignations et des insatisfactions de toutes sortes. Les discours des leaders politiques épousent le profil de l'opinion en suivant sa pente en dehors de toute responsabilité. Ils versent dans la démagogie, la manipulation et l'hypocrisie afin d'instrumentaliser la colère des masses à des buts électoraux. L'électoralisme et le démocratisme prennent des galons. L'ethnicisme, le régionalisme, la partisannerie se révèlent de manière regrettable comme des déterminants et des motivations de l'acte électoral dans nos pays en voie de développement. Nos maires, nos députés et nos présidents sont élus par une majorité dont le comportement électoral est aux antipodes de l'éthique et de la conscience démocratique. N'avons-nous pas perdu par ailleurs le bon sens démocratique, ne sommes-nous pas devenus des électeurs idiots, irrationnels et émotionnels dont le vote inconscient envoie à l'assemblée des promoteurs de la manipulation, du mensonge, de l'outrage et de la violence ? Ne sommes-nous pas transformés en bétail électoral, une masse d'individus inconscients qui ignorent le sens de la qualité, de la rationalité et de l'efficacité électorale ? L'ignorance est une source de manipulation, d'exploitation et de domination. Le populisme serait une puissante et attractive vision de la démocratie, de la société et de l'économie s'il repose sur une philosophie cohérente qui n'exprime ni colère ni ressentiment ni frustrations susceptibles d'installer du chaos. Il serait l'idéologie alternative à celle de la gauche dont les concepts et les mots vibrent dans le vide en devenant inaudibles aux masses populaires [17].

La classe politique sénégalaise est à court de programmes de développement alternatifs pour améliorer les conditions de vie des citoyens. Les leaders politiques, qu'ils soient du pouvoir ou de l'opposition, proposent tous la même chose avec des mots et des phrases différents, ce qui aboutit à des convergences politiques où les frontières entre gauche et droite se dissipent. Incapables de nous proposer des solutions alternatives crédibles et pertinentes, ils nous étouffent par des discours populistes, partisans, protestataires, contestataires, dénonciateurs, manipulateurs, instrumentalistes et toxiques de nature à provoquer des instabilités politiques et sociales.

Les économistes et les institutions internationales n'ont pas fait mieux. Ils ont montré leurs limites en nous servant des solutions qui n'ont jamais pu nous sortir du sous-développement encore moins de la pauvreté. Ils sont disqualifiés, la science économique est en panne. Le taux du chômage ne cesse de monter dans les pays développés, la pauvreté envahit les pays du tiers monde, les maladies continuent de tuer les populations sans couverture médicale, tout ceci sur fonds de crise financière mondiale. Le 21e siècle peut-il survivre sans les ruptures nécessaires avec les vieux principes démocratiques, macroéconomiques, financiers et monétaires dont la mise en œuvre a semé la pauvreté, l'exclusion, les inégalités, les conflits en menaçant la paix civile et la cohésion nationale ?

L'histoire a montré que c'est la lutte pour l'éducation et l'égalité entre les hommes, et non la sacralisation de la propriété et du capital, qui a permis le développement économique et le progrès humain. Un nouvel horizon égalitaire à visée universelle, construit sur une nouvelle idéologie de l'égalité, de la propriété sociale, de l'éducation, du partage des savoirs et des pouvoirs, est possible [18]. Il est nécessaire de rompre avec le fatalisme qui nourrit les dérives actuelles du libéralisme débridé, sources de nos plaintes et complaintes, pour envisager un modèle démocratique, participatif et solidaire plus juste et plus efficace qui repose sur une vision d'une espèce humaine métissée purifiée des considérations et des étiquettes raciales

Il faut réorienter la pensée pour la réconcilier avec les dynamiques historiques à l'œuvre dans les processus humains et socioculturels contemporains. L'homme a besoin aujourd'hui plus qu'hier de liberté, de dignité et de loisirs. La demande d'épanouissement cristallisée dans les droits de l'homme est de plus en plus croissante. Il est donc urgent de renouveler nos modèles de développement pour répondre aux nouvelles aspirations des populations engagées dans des processus globalisés. Notre modèle fondé sur le revenu de base généralisé (RBG) est une réponse alternative et stratégique à la demande sociale, à la lutte contre la pauvreté, à la bonne gouvernance et au développement. Il est basé sur la consommation, un des principaux moteurs de la croissance économique mais aussi et surtout sur la protection et la sécurité sociale qui favorise la prévention contre les risques sociaux. Il permet donc à tout citoyen de vivre dans la dignité et la liberté. Il améliore la perception citoyenne des populations qui considèrent désormais l'État comme une entreprise dont elles sont actionnaires et dont elles reçoivent leurs dividendes sous forme de revenu de base ou simplement de revenu citoyen.

Le revenu de base généralisé s'appuie sur les idéaux de liberté, de responsabilité, d'éthique et d'équité et s'enracine dans des principes démocratiques, juridiques et économiques universels. Autant l'université publique, l'école publique et la santé publique ne font pas de discrimination entre riches et pauvres quant à leur accès, autant le revenu de base se généralise à toutes les composantes de la société. Pour l'introduire, nous n'avons besoin ni d'aide internationale, ni de ressources financières supplémentaires encore moins d'endettement, mais seulement de réformes administratives et institutionnelles. A l'endroit des gens qui se font des soucis sur les engagements financiers qu'un tel programme pourrait occasionner, nous voulons les apaiser. L'un des critères de convergence de l'UEMOA fixe le taux minimum de pression fiscale à 17% du PIB, ce qui montre que le gisement fiscal dans ces pays reste de loin inexploité. Le leader de PASTEF, Ousmane Sonko, promet de porter ce taux au moins à 20% [19]. Le régime sénégalais dit de l'alternance (2000-2012), en fixant très haut les objectifs de dépenses du budget national qu'il a multiplié par cinq en doublant à la fois la masse salariale, a su tripler les recettes relativement à leur niveau de 1999 (qui était de 500 milliards). Le chemin est déjà tracé. En conséquence, il apparaît une règle de base à appliquer : pour accroître les recettes budgétaires, il faut d'abord avoir le courage de fixer des objectifs de dépenses élevés. Malheureusement, les plans d'ajustements structurels avaient rendu les décideurs des États africains apathiques ou soumis puisque c'est avec leur complicité qu'ont été adoptées les recommandations des institutions de Bretton Woods visant à maintenir les niveaux des salaires et des dépenses sociales à des taux qui n'ont fait qu'aggraver l'appauvrissement des masses.

La bourse de sécurité familiale (BSF) et la couverture maladie universelle (CMU) malgré leur insuffisance constituent deux fondamentaux sociaux qui font écho aux préoccupations les plus profondes des sénégalais. Il faut les approfondir en les élargissant à toute la population. La santé et la nourriture représentent deux besoins primaires qu'un État qui se respecte doit décliner en droit reconnu et garanti à satisfaire quel qu'en soit le prix. Leur prise en charge fonde des liens matériels forts entre un État et ses citoyens. Un Sénégalais, qui ne voit pas (l'appui de) l'État quand il a faim et qui ne ressent pas (la présence apaisante de) l'État quand il est malade, se fera peu de soucis à assumer son devoir de citoyen. La République lui reste invisible. En assurant la nourriture et la santé aux populations, l'État contribue à favoriser l'émergence de l'esprit citoyen et de la conscience citoyenne. Néanmoins, certains adeptes de l'économisme pensent que le revenu de base généralisé relève d'une fantaisie (républicaine) démagogique et populiste source de désagréments budgétaires. Mais aucun économiste ne peut soutenir que le renforcement du pouvoir d'achat des masses freine le développement du pays. Aucun économiste ne peut soutenir que la bonne santé des populations, qui améliore le rendement de chacun de nous, n'a pas d'impact sur la productivité nationale. Le dogmatisme économique a toujours refusé de reconnaitre l'octroi d'un revenu sans le travail comme contrepartie. En préférant payer inutilement un ouvrier qui creuse un trou pour le combler le lendemain plutôt que de lui donner un revenu sans transpirer, Keynes a poussé ce dogmatisme à ses extrémités. Ce même dogmatisme s'est retrouvé dans le socialisme basé sur un plein emploi irrationnel, c'est-à-dire l'absence de chômage. Les économistes dogmatiques d'hier comme d'aujourd'hui ne peuvent pas imaginer un revenu qui n'est pas lié au travail. La sécurité sociale, introduite en Europe dans les années 1946 (après la guerre), oppose à leurs certitudes un cinglant revers. Désormais le travail n'est plus une condition nécessaire pour percevoir un revenu. Les pays d'Europe du Nord ainsi que ceux du Sud et de l'Ouest distribuent des revenus aux chômeurs et aux sans travail pour amortir les effets dévastateurs de la course aux profits sur nos conditions de vie mais aussi pour reconnaitre le droit de l'homme à la dignité. La sécurité sociale joue un rôle économique incontestable dans ces pays. Il nous faut de l'innovation politique.

Dans un pays pauvre et sous développé, sans emplois et sans industries, le budget national doit prendre en charge aussi bien les salaires et les investissements publics que le renforcement du pouvoir d'achat des populations. Une redistribution équitable et rationnelle des ressources publiques qui prend en compte le pouvoir d'achat des citoyens et la couverture sanitaire universelle crée un environnement économique favorable à la demande, à la consommation et par ricochet à la production, donc crée de l'emploi. L'investissement pour relancer la croissance ne crée pas forcément des emplois à la mesure de nos espérances mais l'investissement dans la consommation à un certain seuil crée à coup sûr des emplois. Le RBG et l'AMO sont les éléments constitutifs d'une nouvelle approche de la demande sociale fondée sur une protection sociale dynamique qui favorise l'émergence d'un développement économique durable. Nos gouvernants ne seront jugés par leurs citoyens ni sur la bonne gouvernance, ni sur les réformes constitutionnelles, ni sur la réalisation d'infrastructures encore moins sur la traque des biens mal acquis mais certainement sur la satisfaction de la demande sociale. En agrégeant pour les rationnaliser toutes les dépenses de soudure, de solidarité, de subventions en engrais, semences et équipement, de redressement des entreprises, de projets pour les femmes et les jeunes, les charges de nature somptuaire, religieuse… ainsi que les frais relatifs à leur administration et à leur gestion et que sais-je encore, on peut arriver facilement à financer le RBG en l'élargissant à la majorité des ménages, ce qui a un effet mécanique sur l'augmentation du pouvoir d'achat des populations. L'équité et la justice sociale requièrent cependant qu'on le généralise à toute la population progressivement mais rapidement. La généralisation est politiquement plus démocratique, socialement plus juste et économiquement plus efficace. La réalisation des deux fondamentaux sociaux (que sont le revenu de base généralisé et l'assurance maladie obligatoire) au centre des intérêts et des préoccupations essentielles des masses laborieuses constituera sans nul doute un bilan social qui sonnera comme une garantie de la prospérité et de la sécurité économique de la nation. Leurs impacts sociaux, économiques, politiques et culturels sur les conditions de vie et de travail des populations sont incommensurables.

La sécurité sociale en Europe, malgré les difficultés auxquelles sa mauvaise mise en œuvre est confrontée, continue, en soutenant la consommation, de jouer un rôle économique indéniable en dehors de toute considération sociale. Sa disparition serait fatale aux économies européennes. Le modèle de revenu de base généralisé que nous proposons jouera sans nul doute un rôle économique structurel dans le développement national. Il joue beaucoup plus un rôle de levier économique en Afrique qu'en Europe où tout citoyen détient déjà pratiquement un revenu. Son introduction n'apportera que du bonheur à la société.

Sa mise en œuvre s'appuie sur une approche conceptuelle et perspectiviste qui utilise des concepts économiques, financiers et commerciaux opérationnels innovants pour ouvrir aux jeunes, aux femmes en particulier, et aux populations de manière générale, des destinées honorables.

La modernisation de la vie économique, politique, sociale, culturelle et le redressement éthique et moral de la société pourrait passer par ce projet. Les incidences de ce programme sur le progrès et le dynamisme économique, social et démocratique seront, à côté des valeurs humaines, morales et éthiques évidentes.

Nous sommes bien à la croisée des chemins face à un ordre technologique, commercial et économique international inégal qui nous engouffre dans un cul-de-sac où pauvreté et inégalités constituent le décor. Faut-il donc renouveler la pensée, les méthodologies et les habitudes face à la fin des modèles socioéconomiques des politiciens et des économistes ? Il faut oser penser autrement et audacieusement pour apporter de nouvelles approches.

Nous constatons que les deux modèles socioéconomiques du capitalisme et du socialisme qui ont marqué le XXe siècle n'ont pas tenu leurs promesses. Les idéologies dominantes qui les justifient et les fortifient continuent de s'affaiblir en perdant progressivement leur influence légendaire auprès des masses. Les dégâts sociaux, économiques et écologiques provoqués par le productivisme capitaliste forcené ont fini de nous convaincre de son absurdité et de son inhumanité. La brutalité des crises économiques du capitalisme libéral (1929, 2008) et des crises démocratiques du socialisme (l'effondrement de l'URSS) a plongé l'humanité dans une misère harassante et une inquiétude profonde. Il s'ensuit un réquisitoire contre l'ultime étape du capitalisme, le capitalisme financier, dont les conséquences se révèlent désastreuses tant pour le climat que pour l'humanité.

La violence des crises sociales qui secouent les régimes politiques se mesure à l'extrémité des inégalités sociales et territoriales issues de la répartition des richesses. Le système économique actuel fabrique des exclus, broie des espérances, précarise des ménages, sème le mal-être et crée une envie insatiable de biens matériels et de richesses en provoquant un changement climatique sur fonds de tragédie écologique. Les processus mondialisés s'expriment désormais par la loi des pays les plus puissants, les plus riches. Un changement de modèle économique devient par conséquent un impératif vital pour combattre la précarisation de l'emploi, prévenir les dérives de la gouvernance démocratique et populiste, réhabiliter les concepts d'utilité sociale en les revalorisant. Il est urgent de rebâtir nos sociétés sur de nouvelles bases à travers des solutions innovantes pour réparer un monde abîmé par deux siècles d'exploitation de l'homme par l'homme. L'économie doit répondre aux besoins sociétaux des populations dans le cadre d'une société de plus en plus solidaire. Il s'agit de réconcilier la croissance avec l'humanité, de donner à l'économie un visage humain. Les valeurs de l'économie sociale et solidaire nous semblent pertinentes pour réanimer et sauver une société anxieuse et défaitiste.

La valeur des idées ne s'apprécie que lorsqu'elles pénètrent dans l'opinion en se laissant approprier par les masses. Pour que le projet ait la chance de se mesurer à la réalité, il faut convaincre les populations de la justesse, de la crédibilité et du réalisme du concept ***« un citoyen, un revenu »***. Cependant, la dépendance intellectuelle, idéologique et psychologique des politiciens et des économistes à l'esprit du système érige des barrières étanches qu'il faut nécessairement briser au préalable. Il revient par conséquent aux Sénégalais en particulier et aux Africains en général de se mobiliser autour des cinq operateurs structurants qui représentent les composantes essentielles de la demande sociale pour déclencher une dynamique populaire qui crée un rapport d'influence qui oriente la volonté des autorités gouvernementales et des leaders dans le sens de la prise en charge de la mise en œuvre du projet. Le critère de la vérité c'est la pratique, disait le philosophe.

Le moyen de réaliser le projet ***« un citoyen, un revenu »*** est évidemment la formation d'une opinion citoyenne éclairée et assez forte qui le revendique. Il s'agira de mettre en œuvre une campagne d'éducation et de prise de conscience à la place d'une campagne électorale dont l'objectif ultime est de compter des voix. C'est la meilleure garantie pour l'avenir du projet ***« un citoyen, un revenu »***.

Seule une opinion bien éduquée peut garantir la vigilance nécessaire pour prévenir le torpillage de ce plan par des politiciens et des économistes inconscients ou incompétents. Les partis politiques (dans nos pays aspirant à la démocratie pleine et entière) sont des instruments de conquête du pouvoir au lieu d'être des partis de développement et de changement. Ainsi l'existence de projets tel que le projet ***« un citoyen, un revenu »*** peut combler les déficits et les lacunes des partis et de la classe politique en termes de propositions de solutions. Il est nécessaire de renouveler les pensées, les méthodologies et les habitudes pour relever les défis que pose l'impuissance des modèles socioéconomiques en vigueur face aux réalités d'un monde global de plus en plus complexe. Le modèle ***« un citoyen, un revenu »*** constitue une autre philosophie de l'économie et du développement qui se fonde dans une singularité politique construite sur des propositions qui se veulent pertinentes.

Il résulterait de l'introduction de ce projet une réduction des prix à l'intérieur et à l'extérieur des pays mais aussi de la dette publique intérieure. Les questions liées à la faisabilité du projet relèvent moins de son financement que de l'évaluation de ses impacts sur la croissance économique et sur le comportement des citoyens comparativement au bénéfice social incontestable qui garantit le succès du programme.

Le projet ***« un citoyen, un revenu »*** est un instrument efficace pour lutter contre la pauvreté dans le cadre d'un partenariat mondial pour le développement. Il permet de réaliser les objectifs pour le développement durable (ODD). Au-delà, il est aussi un concept de gestion et de bonne gouvernance pour développer l'activité économique et améliorer l'efficacité du financement des programmes sociaux de l'État.

L'organisation sociale, éçonomique et démocratique de la nation n'atteindra son but que lorsqu'elle permettra à tous les citoyens d'accéder aux biens et services sans limite de salaire ou de revenu. La quantité du pouvoir d'achat à la base de cette bénédiction dépend de l'organisation sociale et solidaire de la vie économique et de la saine gestion des ressources naturelles et industrielles de la nation. **Notre projet vise à élever le citoyen à un degré d'aisance et de culture qui favorise la manifestation de la vertu et de sa pratique.**

Celui qui renonce à la tâche, exaltante mais harassante, d'améliorer le sort du peuple, parce qu'écrasé par le poids de la lutte, de l'échec et des efforts épuisants qu'exige un engagement, celui-là même méprise le sens de la solidarité, de la responsabilité, du sacrifice et de l'histoire. L'esprit de solidarité doit nous inspirer la quête de mécanismes institutionnels justes et adaptés pour échanger et distribuer nos richesses en dehors de toute concurrence handicapante. **Celui qui se préoccupe à déceler les causes de la misère, à les combattre et à les vaincre définitivement peut sans nul doute se proclamer de vaillant patriote animé d'une profonde foi humaniste.** Il allumera ainsi dans les cœurs et les esprits la flamme de la joie de vivre et de l'amour mais également la lumière et la grâce qui nous font découvrir les uns et les autres comme des frères et des sœurs associés, assoiffés d'amitié [7]. Le succès du modèle ***« un citoyen, un revenu »*** concerne tous ceux qui travaillent à répondre à l'appel des peuples misérables, qui sont des combattants anonymes du véritable développement, qui n'est ni richesse égoïste ostentatoire, ni pouvoir de domination narcissique, mais qui est exclusivement au service de l'homme et de ses valeurs humanistes. Le modèle invite ces hommes et femmes conscients des valeurs du projet à permettre à toutes les bouches de disposer du pain quotidien au nom de la fraternité, de l'amour et du bonheur.

Le 21e siècle ferme un cycle de 2000 ans d'histoire de la pensée et de l'action. Il nous faut des ruptures pour renouveler notre réflexion et notre pratique en réorientant notre civilisation dans le sens d'un nouvel ordre sécuritaire et durable socialement utile et écologiquement responsable. Le futur n'est pas un endroit où l'on se rend, il est un lieu que l'on construit.

BIBLIOGRAPHIE

1. Pascal Glemen, L'économie sociale et solidaire, Paris, Apogee, 2019

2. Jean-Louis Laville, L'économie sociale et solidaire, Paris, Points, 2016.

3. Géraldine Lacroix, Romain Slitine, L'économie sociale et solidaire, Paris, Que sais-je, 2019. 4. Roland Berthilier, Essentiellement humain, Paris, Archipel, 2020.

5. Thomas Piketty, Le capital au XXIe siècle, Paris, Edition du seuil, 2013.

6. Pierre Rosanvallon, La société des égaux, Paris, Editions du seuil, 2011.

7. Louis Even, sous le signe de l'abondance, Quebec, L'Institut d'Action Politique, 2008.

8. Philippe Van Parijs, Yannick Vanderborght, Le revenu de base inconditionnel, une proposition radicale, Paris, La Découverte, 2019.

9. Ambre Fourrier, Le revenu de base en question, de l'impôt négatif au revenu de transition, Québec, Les Editions écosociété, 2019.

10. revenu de base, Wikipedia, https://fr.wikipedia.org/wiki/Revenu_de_base.

11. Jean Eric Hyafil, thèse, Sciences économiques, Paris 1 Panthéon Sorbonne, 2017,

https://www.theses.fr/2017PA01E035.

12. Philippe Van Parijs, Yannick Vanderborght, Le revenu de base inconditionnel, une proposition radicale, Paris, La Découverte, 2019.

13. Ambre Fourrier, Le revenu de base en question, de l'impôt négatif au revenu de transition, Québec, Les Editions écosociété, 2019.

14. Denis Bayon, L'écologie contre le revenu de base, La Dispute, Paris, 2021.

15. article, https://www.guizot.com/wp-content/uploads /1970/04/col87-Rosanvallon-2.pdf, https://www.lhistoire.fr/faut-il-avoir-peur-du-suffrage-universel.

16. Jean-Francois Draperi, Histoires d'économie sociale et solidaire, Paris, Les Petits Matins, 2017.

17. Jean-Michel Huet, L'économie sociale et solidaire face aux enjeux du management, Paris, Pearson France, 2017.

18. Jeremias ADAMS-PRASSL, L'ubérisation du travail, Paris, éditions Dalloz, 2021.

19. Pierre Rosanvallon, Le siècle du populisme, *Histoire, théorie, critique*, Paris, Editions du seuil, 2020.

20. Thomas Piketty, capital et idéologie, Paris, Editions du seuil, 2019.

21. Ousmane Sonko, SOLUTIONS, 2018.

Structures éditoriales du groupe L'Harmattan

L'Harmattan Italie
Via degli Artisti, 15
10124 Torino
harmattan.italia@gmail.com

L'Harmattan Hongrie
Kossuth l. u. 14-16.
1053 Budapest
harmattan@harmattan.hu

L'Harmattan Sénégal
10 VDN en face Mermoz
BP 45034 Dakar-Fann
senharmattan@gmail.com

L'Harmattan Cameroun
TSINGA/FECAFOOT
BP 11486 Yaoundé
inkoukam@gmail.com

L'Harmattan Burkina Faso
Achille Somé – tengnule@hotmail.fr

L'Harmattan Guinée
Almamya, rue KA 028 OKB Agency
BP 3470 Conakry
harmattanguinee@yahoo.fr

L'Harmattan RDC
185, avenue Nyangwe
Commune de Lingwala – Kinshasa
matangilamusadila@yahoo.fr

L'Harmattan Congo
219, avenue Nelson Mandela
BP 2874 Brazzaville
harmattan.congo@yahoo.fr

L'Harmattan Mali
ACI 2000 - Immeuble Mgr Jean Marie Cisse
Bureau 10
BP 145 Bamako-Mali
mali@harmattan.fr

L'Harmattan Togo
Djidjole – Lomé
Maison Amela
face EPP BATOME
ddamela@aol.com

L'Harmattan Côte d'Ivoire
Résidence Karl – Cité des Arts
Abidjan-Cocody
03 BP 1588 Abidjan
espace_harmattan.ci@hotmail.fr

Nos librairies en France

Librairie internationale
16, rue des Écoles
75005 Paris
librairie.internationale@harmattan.fr
01 40 46 79 11
www.librairieharmattan.com

Librairie des savoirs
21, rue des Écoles
75005 Paris
librairie.sh@harmattan.fr
01 46 34 13 71
www.librairieharmattansh.com

Librairie Le Lucernaire
53, rue Notre-Dame-des-Champs
75006 Paris
librairie@lucernaire.fr
01 42 22 67 13

www.ingramcontent.com/pod-product-compliance
Lightning Source LLC
LaVergne TN
LVHW011310061026
849535LV00005B/1497